编 委 会

总顾问　向守志（原南京军区司令员、上将、百岁老红军）

顾　问　周光荣（四川省军区原政治委员、少将）

策　划　袁永生　熊　瑜

编　委　袁永生　沈鹤翔　罗　萍　谯兰平　邓小兵　唐雪元
　　　　贾思怡　姚晶晶　刘成英　周　庆　蒋　媛　税　颖

八一军旗
别样红

袁永生　　沈鹤翔◎主编

红军不怕远征难·血沃中华民族魂
碧血丹心浩气存·抗美援朝壮歌扬
和平卫士谱新篇·复兴路上飞天梦

上

四川大学出版社

责任编辑：王　玮　杨丽贤
责任校对：陈　蓉　罗　丹
封面设计：阿　林
封面绘画：毕　叶　戴睿婷
内文绘画：毕　叶　戴睿婷
责任印制：王　炜

图书在版编目(CIP)数据

八一军旗别样红：全2册 / 袁永生，沈鹤翔主编.
—成都：四川大学出版社，2017.6
ISBN 978—7—5690—0705—3

Ⅰ.①八… Ⅱ.①袁… ②沈… Ⅲ.①中国人民解放
军—军队英雄—先进事迹 Ⅳ.①K825.2

中国版本图书馆CIP数据核字（2017）第251105号

书名　　八一军旗别样红（上、下）
　　　　BAYI JUNQI BIEYANG HONG

主　编　袁永生　沈鹤翔
出　版　四川大学出版社
地　址　成都市一环路南一段24号（610065）
发　行　四川大学出版社
书　号　ISBN 978—7—5690—0705—3
印　刷　成都市前智印务有限责任公司
成品尺寸　160 mm×230 mm
印　张　19.75
字　数　227千字
版　次　2017年11月第1版
印　次　2017年11月第1次印刷
定　价　68.00元（全二册）

◆读者邮购本书,请与本社发行科联系。
电话:(028)85408408/(028)85401670/
(028)85408023　邮政编码:610065
◆本社图书如有印装质量问题,请
寄回出版社调换。
◆网址:http://www.scupress.net

继承传统不忘初心
改革强军再创辉煌

纪念中国人民解放军建军九十周年

二〇一七年四月向平志

序 言

不忘初心，聆听英雄们的铿锵足音

——写在纪念建军九十周年暨《八一军旗别样红》出版之际

本书总顾问、百岁老红军、原南京军区司令员　向守志上将

　　在纪念我军建军九十周年之际，欣闻《八一军旗别样红》隆重出版，感到由衷地高兴。在四川省国防教育委员会、四川省委宣传部、四川省军区原政治部的关心支持下，经过国防时报社的采编人员几个月的艰苦努力，这本书如期地与广大读者见面了。这既是献给中国人民解放军建军九十周年的一份厚礼，也是全国老军人和现役军人政治生活中的一件喜事、盛事，意义深远，值得庆贺。

　　历史无言，精神不朽。人民军队走过来的九十年岁月，见证了中华民族由衰败走向振兴的奋斗历程。

　　1927年8月1日，中国共产党领导和发动了震惊中外的南昌起义。这个伟大的事件，以打响武装反抗国民党统治第一枪的英雄壮举，以党独立领导的新型人民军队诞生为重要标志，载入了中国革命史册。"八一"这个光荣的日子，成为中国人民解放军的盛大节日。

　　九十年峥嵘岁月，九十载光辉历程。南昌枪声、井冈雷电、长征

雨雪、抗日烽火、解放硝烟、抗美援朝、和平建设……回望历史，八一军旗红，血火镌刻的九十年呈现为一副恢宏厚重的历史画卷，人民军队在中国共产党的领导下，谱写出一部部为民族独立、人民解放浴血奋战，为国家富强、人民幸福赤诚奉献的英雄史诗。

九十年奋斗不息，九十载信念如磐。在九十年波澜壮阔的伟大征途中，人民军队秉承革命优良传统，生生不息、薪火相传，千锤百炼、日益强大，我军在中国共产党的领导下，已经从革命战争时期为夺取全国政权而进行武装斗争的重要力量，成为社会主义建设时期巩固人民民主专政的坚强柱石、捍卫国家主权和领土完整的钢铁长城、建设中国特色社会主义的重要力量。

九十年延续传承，九十载英雄辈出。看神州大地，胜利的旌旗，浸透着烈士的鲜血；壮丽的山河，书写着英雄的诗篇。董存瑞，把生命融入大地；黄继光，将瞬间化为永恒；邱少云，在烈火中永生；雷锋，愿做革命的螺丝钉；李向群，在大堤上留下了一个橘红色的身影……他们不过是我军英雄人物的杰出代表。在我军九十年的历史画卷中，凝聚时代精神的军旅楷模何止成千上万。他们是红军血脉的延续者，我军优良传统的传承人。

习近平总书记在纪念红军长征胜利八十周年大会上强调指出："强国必须强军，军强才能国安。要紧紧扭住政治建军不放松，坚持党对军队的绝对领导，永葆人民军队性质、宗旨、本色，永远做红军的传人，着力培养有灵魂、有本事、有血性、有品德的新一代革命军人，努力锻造具有铁一般信仰、铁一般信念、铁一般纪律、铁一般担当的过硬部队。"我们要深刻理解这一重要思想，坚持以党在新形势下的强军目标为引领，深入贯彻新形势军事战略方针，努力建设世界一流军队。

党的十八大以来，以习近平同志为核心的党中央，以恢宏的战略气魄领导推进国防和军队整体性、革命性变革。全军将士闻令而动，沿袭多年的总部体制、大军区体制、大陆军体制退出历史舞台，新的领导指挥体制登场亮相。在改革强军道路上，迈出了坚实的一步，力度空前，推进顺利，赢得全党、全社会高度赞誉，在国际上也产生了强烈反响。

捧读《八一军旗别样红》书稿，心潮起伏，感慨万千。该书的入编者都是我军各个历史时期涌现出来的英雄模范人物。这不仅是他们军旅生涯、战斗经历的真实写照，也是我军成长壮大的一个缩影。闪光的足迹，历史的见证，它折射出我军从小到大、从弱到强、从胜利走向胜利的光辉历程。《八一军旗别样红》一书，不仅是戎马一生、驰骋疆场的老英雄留给历史和后人宝贵的精神财富，更是今天我们进行全民国防教育、爱国主义教育、革命传统教育的生动教材。战争年代，他们南征北战，不愧为人民的英雄；和平时期，他们乐于奉献，不愧为时代的楷模。

　　军歌嘹亮九十载，改革强军更辉煌。在纪念中国人民解放军建军九十周年的大喜日子里，让我们走近军史，走近英雄，走近老军人，走近老前辈，再一次聆听英雄们的铿锵足音，再一次聆听他们深情讲述的动人故事。重温历史，不忘初心；缅怀先烈，激励后人！

目 录

第一章　红军不怕远征难

第二章　血沃中华民族魂

第三章　碧血丹心浩气存

第四章　抗美援朝壮歌扬

第五章　和平卫士谱新篇

第六章　复兴路上飞天梦

红军不怕远征难

血染湘江水

1927年8月1日，在中国共产党的领导下，爆发了"南昌起义"。1928年4月，朱德领导的南昌起义的队伍和湘南起义农军到达井冈山，与毛泽东领导的秋收起义的队伍在井冈山会师，组成中国工农革命军第四军，不久改称中国工农红军第四军。此后，全国红军发展到最多时达到约30万人。

1934年10月，由于博古、李德等人"左"倾冒险主义的错误领导，以及敌强我弱，中央苏区第五次反"围剿"失败。为摆脱国民党军队的围追堵截，被迫实行战略大转移，退出中央根据地被迫进行长征。

长征一开始，国民党军队就四处围追堵截红军队伍，在红军前进的道路上设下了重重关卡，大大小小的战役打了一路，但长征路上的第一场硬仗——湘江之战，却是不得不说起的一战。

湘江战役是红军在长征开始阶段打得最惨烈的一次战役，甚至可以说是红军有史以来最大的一次惨败。看着被烈士的鲜血染红的江水，战士们的眼泪都流干了。这次惨败让许多有识之士警醒，他们都在思索着：为什么会失败？以后的仗要怎样打？

1934年11月25日，中革军委下达了抢渡湘江的命令。这一命令立刻让行进中的红军队伍紧张起来。当时，中央红军后有追兵，左右两边又有堵截，湘江横在眼前，及时抢渡是大部队转移唯一的选择。

11月21日，防守湘江沿线的国民党兵不敢与红军硬碰硬，以兵力不足为借口，撤走了原本驻扎在湘江防线的部队，使蒋介石计划的湘江防线出现了一个无人防守的缺口。这是天赐良机，能不能顺利通过第四道封锁线就在此一举，但中央红军却没能抓住这个机会。

自中革军委下达了渡江命令之后，红一军团的先头部队就于27日赶到了界首渡口。由于原来的驻军已经撤走，而被蒋介石派来接替防守的部队还没有赶来，这个渡口就无人把守。

红军战士没有经过战斗就顺利占领了这一渡口，并很快控制了界首以北30千米的湘江两岸。而此时，中革军委纵队也到达了离渡口不远的地区，只要赶到渡口就可以平安地过江了。

这是千载难逢的好机会，湘江两岸都在红军的控制之下，不用顶着枪林弹雨渡河。剩下的工作就是争取时间，在敌人的守军还没来之前渡过湘江。

十万火急的命令一道接着一道，但中革军委纵队就是加快不了速度。敌人随时都会来，所有人都焦急万分。

红军的行军速度一直都很快，怎么这一次就是快不了呢？原来，在突围前，中央领导想将整个中央苏区几年来的家当都搬走，雇用了几千名挑夫，整个兵工厂都拆卸下来，绑成担子。凡是能带走的东西都装在驴子和马匹上，比如大炮、印钞机、文件档案，都带上了，就连工厂里的机器也不例外。

一门大炮拆卸以后就要八个人抬着走；大炮底盘就要十几个人才抬得动；工厂的石印机也舍不得扔下，要七八个人抬着。这样庞大的运输队伍，在宽阔的大道上都不可能走快，更不用说在湘江沿岸的羊肠小道上了。

而当敌人摸清红军是要转移到湘西以后，就从四面八方调集重兵建立了三道封锁线。博古、李德等领导人不顾敌我力量的强弱对比，仍然采取硬碰硬、死拼的办法对付敌人，反对毛泽东、朱德等人的游击战术。这样一边打一边走，还带着大量的辎重，使红军每天行军的速度跟蜗牛一样。

11月26日，走了8千米；11月27日，人困马乏，走得更少了，只有6千米；11月28日，军委纵队不得不改变计划，丢弃了一些笨重的器具，这一天走了28千米；11月29日，情况更加紧急，军委纵队命令，红军战士只留下必备的口粮和武器，全速向湘江进发。这一天走了32千米。

足足用了4天时间，中革军委纵队才赶到湘江岸边，准备渡江。遗憾的是，同样是在这一天，国民党的湘军和桂军也赶到了。敌人的部队蜂拥而至，向正在渡江的红军发起猛烈的攻击。

湛蓝的天空上飘着大朵大朵的白云，碧绿的江水被习习的江风吹得波光粼粼，十分好看。湘江即使到了深秋，水势仍然很盛，风景如画的湘江沿岸，忙着渡江的红军战士坚守在两岸的渡口上，为了掩护中革军委纵队渡江，他们丝毫也不敢放松警惕。

就在此时，白云之间忽然传来"隆隆"的巨响，黑压压的飞机铺天盖地地从云层中冒出来，在滚滚奔流的江上狂轰滥炸。红军没有高射炮，只能任敌人的飞机轰炸，完全没有反击的机会和能力。

有恃无恐的敌机大模大样地在天空中盘旋，有些甚至贴着树梢飞行。刚到江心的战士们死伤无数，鲜血染红了湘江。

　　与此同时，敌人的大炮也在攻击着我们的红军战士。

　　炮弹一发又一发，红军的阵地上炸开一团又一团的火光。在重武器上，红军和国民党军队的装备根本无法相比，但为了掩护中革军委成功过江，战士们早已把生死置之度外，与敌人展开了殊死的战斗。

　　炮弹与重磅炸弹的爆炸声不绝于耳，许多来不及躲避的红军战士被震得耳鼻出血，甚至昏死过去。但战士们的心中只有一个目标：保卫中革军委纵队安全渡江！

　　武器装备简陋的红军，要用自己的血肉之躯来挡住国民党军队的飞机和炮弹，那种情景是难以想象的，是十分残酷的。但在敌我力量对比悬殊的情况下，红军战士们硬是用身体阻挡了敌人两天的进攻。

　　敌人的炮弹好像永无止境，红军战士心中的信念却比"隆隆"的爆炸声更加坚定，一定要顶住！一定要顶住！

　　12月1日，战斗打响的第三天，战况进行到了最艰巨的时刻。敌人不再用重炮和飞机等重武器，而是对湘江两岸的红军发动了全线进攻，企图控制渡口，拦截正在强渡的红军队伍。这是面对面的厮杀，是生死存亡的战斗，是意志力与精神力的较量。

　　这个时候，什么都不再重要，双方拼的是勇气，是信念！不管敌人带着多么先进的武器冲上来，红军战士硬是用刺刀，用自制的手榴弹挡回去。

敌人的一个连被打退了，又冲上来一个营。

一个敌人冲过了防线，就有一个红军战士毫不犹豫地迎上去，给敌人迎头痛击。

敌人用机枪扫射着向前进攻，就有红军战士以身体作掩护，让战友们得以打退敌人。

这是一场力量悬殊的战役，但不管情况多么艰难，界首渡口始终掌握在红军战士们的手中。湘江两岸洒下了千千万万红军战士的鲜血，战士们却始终没有停止战斗。

12月1日下午5点，中革军委纵队和红军大部队终于全部渡过了湘江，结束了轰轰烈烈的湘江战役。

湘江战役中，红军以巨大的代价突破了蒋介石的第四道封锁线。战后清点人数，红五军团和少共国际师都人员损失过半；红八军团损失更为惨重，有三分之二的战士都在这一役中牺牲；第三十四师在战斗中被敌人重重包围，全体指战员拼尽全力，直到弹尽粮绝，除个别战士受重伤外，绝大多数人都壮烈牺牲了。

出发时，红军的队伍浩浩荡荡，有8万多人。但渡江之后，仅剩下3万多人，其中还有许多轻、重伤员。

望着被烈士的鲜血染红的江水和江上漂浮着的烈士遗体，毛泽东、朱德、周恩来等几位中央红军领导的心情都异常沉痛。许多成功渡过江来的战士都痛哭流涕，为自己昔日的战友悲痛万分。

被狂轰滥炸之后的湘江，天空中浓烟滚滚，江面上雾气笼罩，这是红军有史以来未有过的惨败。许多领导人都因此清醒地认识到，此时中央领导的指导方针是错误的，再这样继续下去，不仅长征无法完成，中国革命也将遇到极大的危机。

智取遵义城

遵义是红军长征途中十分重要的城市之一，中国共产党在那里召开的遵义会议是十分重要的会议，对整个中国革命的影响都是极为重要的。在这片红色的土地上，流传着不少长征途中红军战士们的传奇故事。智取遵义城就是长征史上的一段佳话。

过了乌江，遵义城就在眼前。红军总参谋长刘伯承仔细观察了地形，把红二师第六团的政治委员王集成喊来，交代了夺取遵义的任务。

原来，离遵义城30千米的地方，有个小镇叫作深溪水。敌人在那里留了一个营的兵力，相当于遵义城的外围防守点。前方发生了什么事情，这个营都可以很快得到消息，报告给城中的敌人，就像蜗牛的触角一样。

刘伯承仔细叮嘱："你们团的任务，就是要斩断城中敌人的'触角'。但要秘密进行，不要让敌人知道，否则给遵义守敌通报了消息，就会增加我们攻城的困难。"

他强调说："现在呀，我们是既要求打胜仗，又要求伤亡少，还要节省子弹。所以就要多用点脑子哟！"

政委王集成坚定地行了个军礼："请总参谋长放心，我们一定以迅雷不及掩耳之势，把敌人全部消灭，一个不留！"

"好！"

两人正说着，参谋长送来了一份电报，原来是朱德总司令为了配合他们攻打遵义城，又派来了一个团，并且让三军团支持他们，阻止敌人派来的援兵。

刘伯承不禁喜上眉梢。

"这下可更好了！我们没有了后顾之忧，还有一个师来跟我们共同作战，拿下遵义不在话下！"

王集成说："总参谋长放心，王家烈的'双枪'兵我

11

们领教过，保证没问题！"

　　天上忽然下起了雨，大雨疯狂地从天而降，黑沉沉的天就像要崩塌下来。风追着雨，雨赶着风，风和雨联合起来追赶着天上的乌云，天地都处在雨水之中。

　　红六团在王集成的率领下出发了。大雨虽然给队伍行军增加了困难，但也让敌人放松了警惕。王集成下令让大家快速行军，到敌人的营房里避雨去。

深溪水的敌人还以为下着大雨不会有情况呢，一个个尽情玩乐起来，打起了麻将、牌九，玩到午夜才睡下，连哨兵都没安排。不料，睡得正香时，红军突然打了进来。许多敌兵被枪声惊醒了，还没来得及穿上衣服就当了俘虏。

敌人的营长追悔莫及，企图逃到遵义城里去报信，被红军战士一枪击毙了。红六团圆满地完成了任务，驻扎在遵义近郊，并且没有走漏一点风声。敌人的"触角"，就这样被悄悄地拔掉了，遵义城里的敌人还不知道呢。

为了详细地了解城中的情况，战士们从俘虏中找了一个连长、一个排长和十几个出身贫苦的敌兵，进行谈话。

这些国民党兵吓坏了，答起话来总是结结巴巴的。

王集成向他们讲清了红军的俘虏政策，并说明红军是打倒地主和推翻国民党的统治，为穷人翻身得解放战斗的。

他说："我们今天就要打遵义，谁了解遵义的情况就详细告诉我们，说得对的事后有赏。"

那个连长一听，急忙站起身来说："长官，红军对我们这么好，小人哪敢不效劳。"接着他就把遵义城里的工事、守敌的实力一一讲了，并画了一幅草图。别的俘虏做了补充，证实他说的是真的。

谈完话，红军发给他们每人三块银圆。虽然红军的日子过得很苦，但对待俘虏还是很讲原则的。十几个俘虏捧着银圆，十分感激地说："我们长官说你们杀人放火，红鼻子，绿眼睛，抓住俘虏挖眼掏心，我们真害怕，没想到你们是这样好的人！"

遵义城的底细摸清楚了，红军手里又掌握着一批俘虏，王集成与团长朱水秋商量后，决定化装成敌人，利用俘虏去诈城，这样就可以不费弹药，不伤人了。他们把这个想法报告了刘伯承，刘伯承听了非常赞同："很好，这就动了脑子了。不过装敌人一定要装得像，可不能让遵义的敌人看出来。"

王集成哈哈大笑："这个您放心，有俘虏呢！"

很快，一营三连和侦察排及全团二三十个司号员，都换上了敌军的服装，大家兴奋地互相整理着，都想赶快到遵义去。被教育过的十几个俘虏也被编在队伍里，他们走在最前面带路。

晚上9点左右，装扮成敌人的红军战士冒着瓢泼大雨出发了。

夜色越来越浓了，周围的一切好像一下子全都掉进了神秘的黑暗里，天黑得什么也看不见。

刚下过雨的路面变得十分泥泞，湿滑得走不了路。

队伍里不时地响起"扑通""哎呀"的声音，差不多每个战士都摔过几跤。摔一跤后，就成了个泥人。

战士们脚上的草鞋陷入淤泥里，一提就坏了，于是很多人干脆光着脚，踏着碎石头和烂泥巴混合成的路，继续前进。

夜色更深了，离遵义城也越来越近，战士们自觉地安静下来，悄然无声地行进，不一会儿就顺利地到达遵义城门口。这个时候大雨已经停了，透过夜幕看见一点儿灯光，悬在半空中。走在前面的俘虏们停下来，悄悄告诉王集成："到了，这是遵义城上岗楼的灯光。"

好戏就要上场了，战士们都装成败退下来的样子，慌慌忙忙往城门口跑去。

"干什么的？"城楼上发出一句凶狠的问话。枪栓也拉得"呱嗒呱嗒"直响。

"自己人！"俘虏用贵州话从容地回答。

"哪一部分的？"城楼上又问。这一次的语气稍稍有点缓和。

这时，俘虏的连长就按照王集成事先教给他的内容，哭哭啼啼地回答："我们是外围营的，今天叫红军包围了，地盘丢了，营长也被打死了。我是一连连长，领着一部分弟兄好不容易逃了出来。现在他们还在后面追我们呢，快快开城门，让我们进去吧，救救我们！"

敌人听了将信将疑，迟疑地问："你们营长叫什么名字？"

那个俘虏连长一下子就答上来了。城楼上没了声音，看样子他们是在研究情况。为了不让他们有时间思考，战士们一起乱哄哄地喊："快开开门呐！"

"麻烦麻烦老兄啦！救兄弟一命吧！"

"红军马上就追上来啦！"

…………

"吵什么吵！"城楼上传来一声大喊，显然是很烦恼的声音，红军的计划成功了！

战士们马上"服从"地一言不发。这时，城上照下来几束手电筒的光。看来敌人是想看看是不是真的"兄弟"，那十几个俘虏兵赶紧仰起头，手电从他们脸上照过去。

"好像是……"

"我认识那个……"

城上传来几句模糊的商量声，红军战士们心中暗暗好笑。

当他们确实认定红军是"自己人"的时候，才说："等着，别吵，这就给你们开门！"战士们一听，都悄悄地上好刺刀，推上子弹，等着敌人开门来迎接"自己人"。

"哗啦"一声，"吱——""吱——"的两声，又高又厚的城门敞开了。敌人一边开门，一边慌张地问走在最前面的红军侦察排同志："怎么？红军已经过了乌江啦？来得好快呀！"

"是啊！再告诉你，现在已经进了遵义城了！"几个虎将把枪口指着那两个敌人的脑袋，厉声地说："告诉你们，我们就是中国工农红军！"

那两个敌兵吓得"啊"了一声，目瞪口呆，像面条一样瘫在地上了。

二三十个司号员一齐吹起了冲锋号。藏在后面的红军部队像潮水一般涌入城内。遵义城热闹起来了，激昂嘹亮的军号声中夹杂着惊心动魄的枪声，英勇杀敌的呼喊混合着敌人的哭叫。

敌人也搞不清来了多少红军，早已失去抵抗能力，一部分被俘虏了，另一部分从北门逃走。进了城才知道，原本驻守遵义的一个教导师师长侯之担，几天前就已经闻风逃走了。

1935年1月7日早晨，机智英勇的红军

战士宣告遵义城解放了。城中的百姓都走出家门，排列在街旁，挥舞着彩旗，大放爆竹，兴高采烈地欢迎陆续进城的红军队伍，为不必再受地主和国民党的压迫而热烈庆祝。

赤水出奇兵

横断山，路难行。天如火来，水似银。

亲人送水来解渴，军民鱼水一家人。

横断山，路难行。敌重兵，压黔境。

战士双脚走天下，四渡赤水出奇兵。

乌江天险重飞渡，兵临贵阳逼昆明。

敌人弃甲丢烟枪，我军乘胜赶路程。

调虎离山袭金沙，毛主席用兵真如神。

这是《长征组歌》中的第四首，名字就叫《四渡赤水出奇兵》。的确，四渡赤水是长征途中十分著名的运动战战役，红军队伍在毛主席出色的军事指挥下，神出鬼没，成功渡过金沙江，进入云南。

红军占领了遵义后，在那里召开了著名的遵义会议。会后根据中革军委的决定，1935年1月中下旬，中央红军从遵义出发，分兵三路，向赤水河方向前进，寻找中国革命新的出路。

遵义会议虽然解决了党内急需解决的军事路线问题，令全军上下欢欣鼓舞，但是红军所面临的形势却并不乐观。就在红军领导们还在开会的同时，蒋介石就调集了中央军和许多地方部队，大约有150个团、30多万人，向遵义地区包围过来。

1月20日，中革军委决定渡过赤水河，渡过长江北上，于是，红军当夜就离开了遵义，沿着大娄山脉的小路，分左、中、右三路大军，向土城、赤水地区进发。

想要西渡赤水河，必须先占领土城。因为只有占领并巩固土城，才能保证安全渡过赤水河，毛泽东对这次战役十分重视。

1月28日，土城之战正式打响了。但由于对敌情的估计出现错误，红军的阵地好几次差点失守。敌人抢占有利地形，步步向土城逼近，总司令朱德都有些坐不住了。

他几次想到战场上亲自指挥，都被毛泽东和周恩来等同志拦住了。最后，朱老总急了，他把帽子一甩说：“得了，老伙计，只要红军能胜利，区区一个朱德何足惜？敌人的子弹是打不中我朱德的！”毛泽东等人只好同意了。

朱德出现在战场上，对红军的士气起到极大的鼓舞。在他的直接指挥下，战士们更加英勇。没有子弹，战士们就用刺刀、石头与敌人较量，最后连石头都用光了，许多人都牺牲了。毛泽东急调了干部团的战士回来支援，才改变了局面。

毛泽东看着死难的战士们，十分悲痛。他在心中反复思量，决定“土城不能再打下去了”。于是，率部队连夜撤出战斗，赶到赤水河边，带领全军渡过赤水河，寻找渡过长江的机会。

这就是红军的“一渡赤水”之战。“打得赢就打，打不赢就走”，这是毛泽东最聪明的地方。

就在红军一渡赤水、向川南方向进军时，蒋介石又派地方军队严密地防守起长江沿岸，并派出多支队伍对红军围追堵截。红军在毛泽东的指挥下并不恋战，多是经过适度反击后，继续向西进军。

　　但当红军抵至毛坝、大坝、天堂坝时，却再次与敌人相遇。敌人拦住去路，猛烈地进攻红军队伍，同时，他们的援兵也从四面八方源源不断地赶来。

　　面对敌人的疯狂进攻，毛泽东经过反复思考，决定改变行军路线，不与敌人硬碰硬，而是向位于川滇边区，敌人防守薄弱的扎西地区前进。

　　2月8日，红军各主力部队先后抵达了扎西地区，并在这里休整队伍，等待下一步命令。

　　中央红军出其不意地转入扎西，使川军顿时失去了作

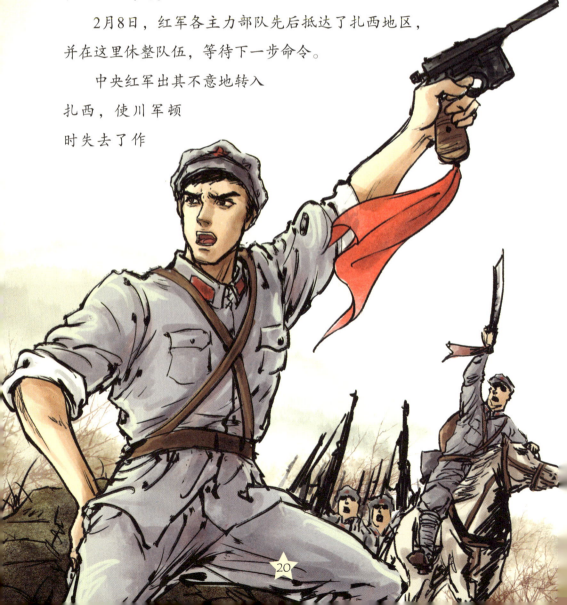

战目标。川军的将领潘文华大为惊奇，又找不到红军的踪迹，只好随时准备着，听上级调遣。

利用这个时机，2月9日，中革军委在扎西召开政治局常委会议，专门研究红军的战略方针和行动路线问题。

中共中央一致决定，为了有把握求取胜利，红军必须经常转移。毛泽东最后提出"回师东进，再渡赤水，重占遵义"的主张。经过讨论，参加会议的同志都同意了。

2月11日，朱德下令：各军团离开驻地，"向赤水河以东发展"。直到这时，蒋介石才得知中央红军已驻军扎西的消息。他立刻调兵遣将，给每一个红军军团都安排了拦截部队，妄图各部合力将中央红军包围，并压迫在长江以南、横江以东、乌江以北和以西等地区，然后彻底消灭。

蒋介石惧怕各地方部队之间再闹矛盾，还给几位下属去信叮嘱："今后作战，务必谨慎小心，稳扎稳打。"很快，在他的命令和督促下，各路大军便杀气腾腾地向红军驻军的扎西包围过来。但蒋介石怎么也没有想到，红军又挥师东进，再渡赤水河了。

2月18日下午，红一军团前卫二师首先抵达赤水河畔。

这时候，敌军都被蒋介石调去包围红军，太平渡口竟没有敌守。于是，红二师立即控制了渡口两岸。

2月19日，红三军团两个先锋团——红十二、十三团，也抵达了赤水河畔的二郎滩。在这里，他们征集船只，架设浮桥渡河至东岸。在对岸不远的制高点上驻守的敌军两个团，在红军的英勇冲杀下不堪一击，仓皇逃走。

这样红军就控制了赤水河的第二个渡口二郎滩。随后中央红军便按计划全部渡过了赤水河，重新来到黔北。

红军"二渡赤水"，完全出乎敌人意料。蒋介石刚刚摸清红军已到扎西，正调兵围攻呢，不想围攻的部队还没有走到扎西，红军又东渡赤水河，杀了个"回马枪"。这一次行动打乱了敌人的部署，蒋介石急忙又调兵回防。而此时，中革军委和毛泽东正计划着，在重返黔北后，打几场漂亮的仗，鼓舞一下士气。

于是，经过紧急研究，2月21日，中革军委和毛泽东下定决心，在追击敌大部队还没赶到之际，进攻桐梓县，奇袭娄山关，再占遵义城！

果然，在毛泽东和中革军委的指挥下，不出5天，英勇的红军战士就连续攻下了桐梓、娄山关和遵义，击溃和消灭敌人2个师又8个团，俘虏了敌军约3 000人，取得了长征以来最大的一次胜利。

中央红军经"二渡赤水"后取得了一系列的胜利，这让蒋介石坐不住了，他直接赶到重庆，坐镇指挥。

这一次，他借鉴以前胜利的经验，采用堡垒拦截和重点进攻等方法，企图通过层层封锁，逐渐将中央红军压迫在遵义、鸭溪的狭小地区，然后一举消灭。

中革军委和毛泽东仔细研究了战争形势，决定在运动中消灭敌人，不跟敌人硬碰硬，找机会在敌人的包围圈中撕出一个口子，跳出包围圈。

为了对付蒋介石新的围攻计划，中革军委于3月4日决定组织前敌指挥部，由朱德任司令员，毛泽东任政治委员。3月10日，

中央又召开会议，以决定接下来部队前进的方向。

原来，中央曾破译过国民党的几组密码，其中就有"打鼓新场"的字样。毛泽东认为国民党一定在那里布置了重兵，等着红军。会上争执不下，毛泽东为了红军的安全着想，以辞去重要职务为由力争。但会议最终以少数服从多数通过了进攻打鼓新场的建议。

毛泽东十分着急，当晚就去找周恩来并最终说服了他，一起商量阻止战斗命令的办法。于是，3月11日中午，在毛泽东、周恩来等的建议下，军委委员及一、三军团的负责人一起，又一次召开会议。

会上，二人说服参会人员放弃了对打鼓新场的进攻，并最终决定成立以毛泽东、周恩来、王稼祥为成员的"中央三人军事领导小组"，作为全军最高的指挥机构，统一指挥长征中红军的一切军事行动。

此后，毛泽东就开始寻找新的战机了。这时候，中央红军四面临敌，蒋介石的包围圈不断缩小，如此相持下去肯定对红军不利。因此，为了打破僵局，中革军委和毛泽东果断决定：挥师西南，集中兵力进攻鲁班场的敌人，打破蒋介石的部署。

一开始，战况就极为激烈，但就在红军看到一线胜利的希望时，敌人的飞机赶来助战了！在敌机的轰炸下，地面战斗仍在艰难地持续，直到黄昏时分也难结束。

此时，蒋介石调动的援兵也陆续前来，因此毛泽东在与周恩来、朱德等商量之后，果断决定，撤出战斗，各部向茅台镇地区运动。

鲁班场之战一打响，敌人的援军便开始源源不断地被蒋介石调来。而当敌人援军向此地推进还没赶到之时，毛泽东已指挥红军撤离了鲁班场地区，并在敌人的援军之间快速穿插，直接攻向茅台镇了！

敌人在鲁班场地区扑了个空。而此时，毛泽东却指挥着红军，再次渡过了赤水，于3月16日拿下了茅台镇，并在那里设宴品酒呢！

至次日中午，红军主力部队即全部按时渡过了赤水河，再次来到了川南。

红军"三渡赤水"与此前"二渡赤水"迥然不同。前两次是在尽可能秘密的情况下悄悄进行的。而"三渡赤水"，是毛泽东指挥的一次绝妙的全军假动作！

因此，红军白天继续渡河，并不怕被敌人发现，而且故意弄得声势浩大，全军从从容容地渡河。过河之后，又令红一军团派出一个团的兵力，伪装成红军主力的样子，从古蔺向西而行，故意摆出"北渡长江"的样子，迷惑敌人。而真正的红军主力则隐藏于附近的深山密林中，休整的同时等待时机。

蒋介石果然中计，以为红军"三渡赤水"，再入川南，又要北渡长江。因此立即命令各部队向"红军主力"所在方向直扑而来。这一次，蒋介石认为是消灭红军的最好机会，所以派出的兵力，修筑的工事，把"红军主力"所在的地区围得像铁桶一般，并亲自飞抵贵阳，就近指挥。

3月21日晚，在毛泽东的领导下，红军主力又一次来到赤水河边，分别经二郎滩、九溪口和太平渡"四渡赤水"，神不知鬼不觉地来到黔北，把蒋介石的全部主力部队远远地抛在了后头，并使其刚刚构筑起来的碉堡完全无用武之地！

为了进一步迷惑敌人，毛泽东又再布"迷阵"。令红九军团伪装成红军主力，暂留在马鬃岭地区向长干山假装进攻，吸引敌军向北，而红军主力继续向南。这时，蒋介石才知道红军现在已经"四渡赤水，重返黔北"了。

而此时红军主力已经突破鸭溪地、白腊坎的封锁线。

3月30日，除牵制敌人的红九军团外，红军已全部渡过了乌江，巧妙地跳出了敌人的包围圈，把敌人的几十万大军都甩在乌江北岸了。而这里已逼近了蒋介石的临时指挥部——贵阳。

四渡赤水后的红军主力，按照毛泽东的部署，以一部分兵力继续由西北部向息烽地区假装进攻，而主力红军则开始向贵阳方向前进。

4月2日，红军一部便占领了息烽以南的潮水场、九庄、龙盒山、石洞、底寨等地。战士们再接再厉，4日，主力红军就占领了扎佐，大军直接攻向贵阳。

正坐镇贵阳指挥的蒋介石，突然在贵阳附近发现了红军的踪影，顿时紧张起来。因为此时贵阳城中兵力空虚，主力全被调去围攻"红军主力"了。

蒋介石终于坐不住了。因为仅靠两个团的兵力，要想抵挡住红军的进攻是不可能的。他急忙给各部队发电报，急调他们回来保卫贵阳。而这正是毛泽东想要的结果，于是，为了让回防的部队走得快一点，毛泽东命令战士们到处张贴"拿下贵阳城，活捉蒋介石"的大标语，并且见人就问："到贵阳还有多远？""贵阳好打不？""里面有多少兵？"

到了4月5日，红军的先头部队，便出现在贵阳东南几十千米的地方，这下真正打到了蒋介石的鼻子底下。

　　蒋介石大为惊恐，援军迟迟没能赶到，他已开始计划逃跑了。中央红军主力趁滇军被蒋介石调出支援贵阳之际，乘虚而入，进军云南。蒋介石妄图消灭红军于黔东的计划，再次成了泡影。当他发现红军西进云南，急令东进的部队掉头回防时，毛泽东早已率领中央红军向金沙江一带直奔而去了。

　　要顺利地渡过金沙江，首先就要调动军队迷惑龙云。只有调开川军，才能确保红军的渡江安全。为此，毛泽东派一支队伍假装进攻龙云的老巢——昆明，以牵制敌军。红军一部领命而去，至29日，就攻到了距昆明仅百里的杨林地区，前锋直逼昆明。

　　蒋介石又一次中计，急命龙云调兵设防，并令孙渡率部急追。而当龙云将兵力调到预定地点设防时，红军早已越过预设防线，到达了仅距昆明约15千米的大板桥。

　　在这里，红军大造声势，到处张贴"打倒军阀！""打到昆明！"等标语，并发动群众喊口号，闹得满城风雨。而当蒋介石、龙云等急忙收缩兵力，在昆明周围布防，使滇北各地防御力量削弱之时，毛泽东却命令红军主力悄悄地迅速北上，直奔金沙江边了！

　　直到这时，蒋介石才如梦方醒，断定红军必渡金沙江无疑，急忙又调兵追来。但没等敌人的追兵赶到，毛泽东等早已率红军安全、顺利地渡过金沙江了。从此，红军完完全全地跳出了蒋介石数十万重兵围追堵截的大圈子，由被动争取到了主动，取得了红军长征战略转移中具有决定性意义的胜利。

　　"四渡赤水"，牵着敌人的鼻子走，是毛泽东神奇的决策。在这场机动灵活的战斗中，中央红军3万余人，在毛泽东的正确指挥下，穿插在蒋介石几十万大军的围追堵截之间，忽南忽北，声东击西，使敌捉摸不定，疲于奔命，最终完全实现了红军的战略意图。这神秘莫测的赤水奇兵连蒋介石都不得不叹服。这是红军长征史上光辉的战例！

巧渡金沙江

遵义会议以后，红军决定到川西北建立新的革命根据地，蒋介石急忙派出重兵，从四面八方堵截红军，扬言要把红军消灭在金沙江边上。

红军按照毛泽东的指挥，根据情况变化而采取不同的方法——"打得赢就打，打不赢就走"。四渡赤水，把敌人甩开后，红军各路大军连日向云南行进，使国民党滇军的主力不敢离开昆明，更没有兵力半路阻截。而后面的追军被远远甩在身后，无法及时赶到。

因此，金沙江沿线防守空虚，敌人暂时无力阻止红军北渡金沙江。中革军委抓住这次时机，当机立断地决定让红军大部队向金沙江前进，准备抢渡金沙江。

1935年4月下旬，中央红军派出一支机动灵活的小部队，装作要进攻昆明，给敌人以错觉，好引开敌人的注意力。而大部队同时急速向金沙江边推进。

金沙江是长江上游的一道天险，它穿行在四川和云南交界处的深山和峡谷之间。江面宽阔，水流湍急，难以架桥，更难以涉水而过。如果红军不能渡过金沙江，就会被敌人围堵在江边的深山峡谷之中，有全军覆没的危险。渡江任务十分紧急。

随着大军向金沙江边靠近，国民党心中的疑云也终于散去。4月28日，蒋介石终于恍然大悟，明白红军主力的动向是要北渡金沙江，于是立刻下达命令，占领了金沙江上所有主要的渡口，搜光了所有船只，并严令封锁江面。

在红军抵达金沙江前夕，江边的敌人已做好了一切准备。所有的船只都已运到江北，国民党派飞机每天侦察轰炸，企图吓阻红军。

经过侦察，红军决定在一个叫皎平渡的地方过江。这个渡口位于四川会理县与云南元谋县交界的地方。

军委干部团的同志们接受了这个任务。

干部团的团长是陈赓，政委是宋任穷。周恩来和红军总参谋长刘伯承亲自到干部团进行部署，而且由善于指挥战斗的刘伯承担任先遣司令。经过商量，一致决定由第三营担任先遣营。

5月3日，接到任务后的先遣营同志们二话没说，按照刘伯承司令的指挥，都化装成敌人的样子，翻山越岭，不眠不休，足足走了90余千米，当晚就赶到了金沙江边。

在离皎平渡口二三十千米的地方，红军抓到了一个敌军的探子。这家伙肥头大耳，胖墩墩的，一看到红军战士还以为是自己人，立刻上前搭话。

红军战士用枪指着他问道："你是干什么的？"

大胖子有点害怕，哆哆嗦嗦地回答："自己兄弟，别动刀动枪的。我、我们团座让我到江边传达命令。"

红军战士瞪了瞪眼，把大胖子吓得直往后退。

"说！让你传达什么命令？"

"团、团座让把江边的渡船都烧掉，一条也别留给红军。"

战士们听了，认为这是一个很重要的情况，必须尽快向上级汇报。于是，大胖子被送到了营部，由刘伯承司令亲自进行审问。刘伯承上上下下地打量了他一会儿，问道："你说你是来传达命令的？都传达给谁了？"

大胖子摸不着头脑，只知道这是个长官，马上敬了个军礼。

"报、报告长官，我刚刚坐船从对岸过来，还没来得及通知下去。团座说不能给红军留下一条船。"

得知命令还在大胖子手里，船还没有都烧掉。刘伯承稍稍放下了心，然后严厉地说："我们就是红军！渡船如果少了一只，拿你是问！"

大胖子一听是红军，吓得一句话也说不出来，站在那里呆若木鸡。刘伯承让一名战士把他带下去看管起来。

按照探子的交代，又经过详细的侦察，红军进一步了解到：金沙江对岸驻守的敌军只有一个厘金局（税务局）和一个保安队；一共有几十条枪，并没有正规部队；在对岸的河边还停着两条木船，可以抢过来渡江。

刘伯承前思后想，决定好好利用这些情报。先派一个连的战士强行渡江，将对岸的敌人收拾了之后，其余的两个连和工兵连再迅速过江。这样就可以控制皎平渡两岸的渡口，有利于大部队安全、迅速地渡江。

5月4日凌晨，先遣连在渡口找到了送大胖子过来的船，在当地农民的帮助下，悄悄地渡到北岸。敌人的哨兵还以为是派出的探子回来了，没有盘问一句就放行了。

先遣连给敌人来了个突然袭击，放倒了几个哨兵，缴获了停

在岸边的木船。随后用缴获的两只木船将两个排的红军运过了江，留下一个排警戒。

先过来的两个排立刻采取行动，分别去收拾厘金局和保安队的敌人。敌人都没有想到红军那么快就过了江，还没来得及盘问就当了俘虏，被红军战士们缴了枪，垂头丧气地缩成一团。

第一排的红军迅速攻到保安队，敌人的哨兵喝道："谁？"

刚抓来的一个俘虏回答："是自己人，保安队的！"

话音还没有落地，哨兵就被红军战士勒住了脖子。十几个红军战士冲到屋里大喊："缴枪不杀！"

哪里用得着红军缴他们的械？屋里的敌军没有一点战斗的意思，都躺在床上抽大烟呢！满屋里气味难闻，烟气腾腾，敌兵拿着大烟枪吓得目瞪口呆，乖乖投了降。有几个敌兵还把大烟枪递给红军战士，以为让上缴呢！

第二排的红军战士打到了厘金局，屋里的敌人正围坐在一起打麻将。吆喝声、叫喊声、笑骂声、麻将的"哗啦哗啦"声……不绝于耳，十分混乱。红军战士装扮成交税人混了进去，趁敌人玩得忘我，将他们一网打尽，还不费一枪一弹发了一笔财——没收了牌桌上的5 000元大洋。

就这样，红军战士们干净利索地占领了皎平渡口，无一伤亡。然后在当地群众的帮助下，又找来4只小船，连缴获敌人的3只，一共7只船，拉到渡口。从5月3日到5月9日，日夜不停地把红军大部队从容地运过了金沙江，摆脱了几十万敌军的围追堵截。

这些船工因为帮助了红军付出了很大代价。红军走后，国民党兵重新占领了皎平渡地区。很多帮助红军渡江的船工都受到迫害，受了很多苦，但他们一点都不后悔曾帮助红军渡江。

与此同时，担负牵制敌人注意力任务的第九军团在南渡乌江以后，奉中革军委的命令，一直在贵州西部绕圈子，与敌人捉迷藏。他们牢记中革军委的嘱托，时而东时而西，忽然向南又忽然向北，有时候在深山老林中停留几日，让敌人伤透了脑筋，牵制了敌人一部分兵力，为大部队过江赢得了时间。

5月6日，他们也来到金沙江边，并于5月9日在树节渡口顺利渡过金沙江。他们渡江两天以后，敌人的追兵才赶到江边，但这时候渡江战役早已结束，红军早已毁船离去，无影无踪了。

渡金沙江的过程主要是两个字："巧"和"神"。

先遣连碰巧抓住了敌人的探子，这才能凭借巧计顺利夺船强渡；而对被轻易俘虏的守江敌军来说，突然出现的红军战士就像天降神兵。他们无论如何也想不通红军是怎样迅速过江的。但对红军战士而言，没有过不去的难关，只要肯动脑筋想办法，任何难题都可以成功解决。

中央红军顺利地北渡金沙江，除在江边与敌人战斗的战士略有伤亡外，其他战士伤亡很少，这是红军长征以来，取得的具有决定性意义的胜利。毛泽东《七律·长征》一诗中说"金沙水拍云崖暖"，这场胜利的确可以说是新的革命形势到来的先兆。

强渡大渡河

1935年5月，红军从云南皎平渡巧渡金沙江之后，继续北上，准备渡过大渡河进入川西北地区。顺利通过了大凉山的彝族聚居区以后，红军的先头部队，又经过一天一夜的急行军，赶了80千米路程，来到了离大渡河只有五六千米的安顺场地区，准备强渡大渡河。

渡过大渡河是长征途中极为关键的事件之一。如果渡河失败，红军就很可能被消灭。这种命运，在历史上早有先例。

70多年前，太平天国的最后一支军队——由翼王石达开率领的10万大军，就没能及时渡河成功，被清军逼入大渡河边的深山和峡谷里，被清朝军队包围和消灭了。

蒋介石发现红军也要走这条路时，十分高兴。同样的五月天，是山洪暴发十分频繁的时期；同样的行军路线和渡河方向；同样的渡口；同样有几倍的兵力在围追堵截……历史惊人地相似，让蒋介石认定红军将是第二个石达开部队，必定失败。

但是红军也知道石达开的故事，知道他失败的主要原因是没有抓住时机。红军决心不重犯他的错误。

他们飞速行军，与彝族聚居区的群众搞好关系，先头部队由当地的彝族同胞带路通过狭窄的山道，悄悄地来到一个叫安顺场的地方。指挥员从高处俯视河岸，惊喜地发现有一只渡船正拴在河边，还没有被敌人毁坏。

指挥员十分高兴，趁着夜色，叫醒了沉睡中的红军战士，率领部队急速奔向了安顺场渡口。

安顺场是大渡河边的一个小镇，当时有两个连的敌兵在把守，除了那只渡船，其他的都已经被毁坏了。敌人为什么会给红军留下一条船呢？

原来，安顺场对岸有敌人的一个团驻守，那个团的团长是本地人。他很了解红军必须经过的那些地方，知道红军来到河岸需要多少时间。

他的妻子也是安顺场本地的人，既然来到了安顺场，他就要

去探亲访友，于是就留下了一条船。结果红军出其不意地占领了这个小镇，俘虏了团长并缴获了他的船。

当红军出现在安顺场时，那个团长正在同亲友吃吃喝喝，一点也不知道发生了什么。当他得知红军已经到了大渡河边，惊讶得眼睛都快掉出来了，大呼："不可能！"

大渡河的下游有敌军2个团，上游的泸定城有敌军3个团。这里两岸都是高山，河宽300米，水深20米。加上当时是5月，山洪暴发，河流湍急，河面比金沙江还宽。

河底礁石林立，一不小心就会被冲走或撞伤，根本无法架桥。所以要想过大渡河，只能靠渡船了。

指挥员反复思量过后，决定由一营完成强渡大渡河的任务。营长孙继先决定从营中的二连选派战士，但5个连的红军战士纷

纷请战，争着请求乘唯一的一条船过河，去把对岸的船拖过来。经过选拔，孙继先宣布了由16名战士组成的"突击队"的名单。这16名勇士跨出队伍排成一排，脸上是十分坚毅的神情。

孙继先拍拍其中一名战士的肩膀，鼓励他们奋勇向前。正在这时，队伍中又跨出一名战士。营长一看，是二连的通信员陈万清。"万清，有什么事？"孙继先见陈万清哭丧着脸，就问他。陈万清跑步来到营长面前："营长，我也要参加突击队！""你别着急，慢慢说。""跟着部队这么久，我还没参加过一次突击行动，不行！我也要参加！"陈万清把脸一抹，十分坚持。营长一时没有说话。陈万清见营长犹豫着，赶紧又说："营长，我身强力壮，水性又好，您就让我去吧！"

营长被这位年轻的战士感动了，批准了他的要求。陈万清高兴得直跳，飞快地站到突击队的队列中。

17名勇士，怀揣着17颗火热的心。营长给他们每人一支冲锋枪，一支短枪，五六枚手榴弹，还有一把大刀，叮嘱他们一定要小心。

5月25日，由二连连长兼突击队长熊尚林，带领17名勇士开始强渡大渡河。因为只有一只渡船，熊尚林对勇士们说："红军的希望就在我们身上，我们要坚决消灭对岸的敌人！"同时，为了掩护渡船过江，红军在南岸的山坡上架起机关枪，组成掩护火力网，集中扫射对岸敌人的阵地。团长杨得志下令大炮、机枪、步枪一起向对岸的敌人开火。

当时红军只有一门大炮，而且没有几发炮弹。被称为"神炮手"的红军战士赵章成大显身手，只用两发炮弹就把对岸敌人的碉堡炸飞了。

渡船开始过江。滚滚的江水，把载着红军战士的小船一会儿推向浪尖，一会儿又抛到谷底。江水怒吼着，敌人的枪炮也怒吼着，战士们的耳中什么也听不见了，只在心中有一个坚定的信念——一定要渡过河去！

敌人的枪弹炮弹落在小船周围，形成一道又一道水上火网，掀起巨大的波浪。船颠簸得很厉害，随时有翻船的危险。在南岸

观战的将士个个屏住呼吸地注视着，担心他们的安危。突然，一发炮弹在船边爆炸了，船身一阵倾斜，船上的战士们用力撑着，船才没翻。

又一阵子弹打上了小船，一名战士手臂负伤了，使不出力量，渡船一下子向下游滑下几十米，撞在一块大礁石上，掀起了巨大的水柱。岸上的战士们顾不上惊叫，一个劲儿地呐喊着。

只见船上的红军沉着应战：有的用竹篙使劲撑着；有的干脆下水用后背拼命顶着船；还有的用手撑着岩石……经过一番努力，小船才又继续前进。

在战士们的英勇抗争下，终于，离对岸只有五六米了。敌人像疯了一样，火力都集中到了小船，还有一股敌人从碉堡里冲出来，到渡口拦截。

在这关键的时刻，南岸红军的大炮和机枪猛烈地开火了，在火力的掩护下，勇士们迅速跳下船，冲上对岸。只见十几米高的峭壁矗立在岸边，只有一道口子修着石阶，向上直通到敌人的碉堡。

突击队员爬上了岸，迅速地隐蔽起来，接着缓慢地攀登上峭壁，架起了自己的机关枪，一阵暴雨般的枪弹和手榴弹后，敌人的碉堡被红军战士拿下了。逃跑的敌人退到下一道防线，渡口是红军的了！

控制了两岸之后，渡船飞快地返回南岸，还拖回另外两只船。营长孙继先立即带领第二批突击队员迅速过江，保护渡口安全。就这样，几天时间，红一团的人马全部过了河。

飞夺泸定桥

古战场安顺场的战役结束了，红军主力却不能靠3只小船渡过大渡河，所以毛泽东和中革军委一致决定，拿下泸定桥，从那里渡过大渡河。

泸定桥是一座铁索吊桥。在安顺场以北约200千米的地方。那里高山林立，峡谷深深，两岸间十分狭窄，水流既深且急。这是西康以东的大渡河上，最后一个可能渡过的渡口。如果他们能夺取泸定桥，全军就能在追兵赶到之前，进入四川中部。

红四团接受了这个任务。他们一边行军一边动员，反复说明

这个行动的重要性。

指挥员勉励每个人都要拿出最后一股劲去争取胜利。

这次战斗不允许一丝一毫松懈，更不允许一点儿三心二意。胜利则生，失败必死。在指挥员的鼓舞下，部队飞速前进。

途中，红军战士击败了川军一个营，夺得了他们驻守的关口，并从那里翻过了高耸入云的猛虎岗。随后，在摩西面村附近击败了川军一个团和一个营，并用大约1小时20分钟架了一座桥，继续前进。到了晚上7点，离泸定桥还有50多千米，而中革军委的命令是在次日的早晨赶到泸定桥。正在大家万分着急时，天突然下起暴雨，乌云好像要压到战士们的头上了，天黑得像倒扣的锅底似的，什么也看不见。

部队一整天都在赶路，没有吃上饭，饿了就嚼口生米，渴了就喝雨水，脚步一直没有停，十分疲惫，加上暴雨造成的道路泥泞，简直寸步难行。

但是，英勇的红军战士没有被困难吓倒，他们发扬团结友爱的精神：后面的拉着前面的，挂着拐杖，攀着岩石，相互搀扶，帮助背枪……就这样坚持前进。

突然，对岸的敌人点起火把赶路，想赶在红军前面去防守泸定桥。这样，敌人的速度肯定要比红四团快。怎么办？红四团指挥员把心一横，决定也点起火把前进。

为了骗过敌人，红军让俘虏伪装成川军，联络对岸的敌人。由于天黑路滑，敌人也十分疲惫，我们的计策还真的骗过了他们。这样，部队前进的速度大大加快了。大渡河两岸，敌我双方都举着火把行进。

　　午夜12点，对岸的川军扎营休息了。红四团指战员高兴极了。部队立即轻装快速前进，不眠不休地赶在敌人前面。为了防止掉进大渡河，战士们解下绑腿带，一条一条接起来，拉着前进，终于在克服了千难万险之后，于中央规定的29日早上6点到达了泸定桥。

　　红四团战士们十分高兴，趁着桥头的守军还没醒，很快消灭了他们，占领了泸定桥西桥头和沿岸的阵地。红四团一路急行，创造了一天一夜飞奔120千米的奇迹，他们是大渡河边的英雄！从此红四团威名远播，在长征史上留下了一段奇迹。

　　但更令人不能忘怀的还是22勇士飞夺泸定桥的事迹。

　　在战士们稍作休整的时候，黄开湘、杨成武带领营连干部，来到河边观察地形。

泸定桥是几百年前修成的，桥长100多米，宽3米，13根铁链固定在两岸的石堆中，上面捆着厚木板，构成通行的桥面。汹涌的河水好像紧贴着铁索桥咆哮着，滔滔不绝。红军到达的时候，木板有一半都被抽掉了，从岸边到河中心只剩下光溜溜的铁链。

在东岸的桥头，敌人摆着一个机关枪阵地，正对着他们，后面是由一团敌军把守的阵地。敌人的炮火一直没停，必须冲过去控制对岸，才能保证红军主力安全过河。

干部们犯了难，召开大会讨论对策。最后，连以上干部大会决定：由第二连的22名勇士组成"夺桥突击队"，连长廖大珠任队长；由第三连组成"铺桥突击队"，连长王友才任队长。全团的其他战士在岸边负责掩护。

一分钟也不能耽误，必须在敌人增援部队到达以前拿下这座桥！中午时分，在西桥头，22名勇士每人手持冲锋枪，背插马刀，腰间缠满手榴弹；第三连战士们背着枪，夹着木板，等待上桥铺路。

下午4点，黄开湘下达命令"战斗开始！"全团的司号员一起吹响冲锋号，红军战士们火力全开，压制住川军的炮火，战士们高喊"杀呀，杀！"

趁此机会，突击队员们突然冲向铁索桥。他们把手榴弹和枪捆在背上，用两只手交替抓住铁链，摇摇晃晃地向前移动，很快就到了奔腾的河流之上。

冒着敌人射出的子弹，第一个战士中了枪，掉到下面奔腾的水流里；第二个也掉下去了，被滚滚的河水吞没了，接着是第三个。但是，其他战士却越来越接近桥中心。敌人慌了神，连枪都打不准了，大多数子弹从战士们身边擦过去。

在敌人的枪林弹雨中，勇士们越来越接近东桥头。一个又一个，最后，一名红军战士从残存的桥板上爬过去，打开一枚手榴弹，十分准确地把它扔到敌人的阵地上。敌人一下子乱了。

敌人把煤油扔到桥板上，企图用火拦住勇士们。桥板开始燃烧起来。这时，杨成武急了，他翻身冲上铁索桥，大声喊道："同志们，莫怕火，冲过去就是胜利！冲呀，冲呀！"冲锋号震天地响起来。

廖大珠第一个冲进火海，紧接着，刘金山、刘梓华……勇士

们一个接一个地冲进火海。帽子烧着了，就把帽子一扔。浴火重生的红军战士们英勇顽强，一个又一个冲出了火海。

更多的红军战士拥到铁索上来，赶过去救火和更换桥板。

桥头堡的敌人很快被消灭了，红军又冲向泸定城。没过多久，在安顺场过河的红军也出现了，他们从侧面攻击残存的敌人阵地，并在后续部队的协助下，击败了川军第三十八团。敌人四散奔逃，晚上7点，红四团彻底占领了泸定城。

随后的几天，中央和各军团的领导同志都来到泸定桥，整个红军兴高采烈地唱着激扬的战歌，跨过了大渡河。

翻越夹金山

在红军长征的历史上，最艰苦的岁月就是渡过了大渡河，来到雪山草地的藏族聚居区之后的日子。从1935年7月到8月，这短短的一个多月的时间里，红军部队先后几次经过这里，翻过了十几座雪山，走过了遍地沼泽、荒无人烟的大草地，也留下了许许多多感人泪下的故事。

在参加了长征的红军战士们心中，雪山好像是一个没有硝烟的战场，这个"敌人"不用枪，也不用炮，光靠着刺骨的寒风、鸡蛋大小的冰雹和阴晴不定的天气，就埋葬了我们很多可爱的战士。

飞夺泸定桥，进入四川境内后，党中央召开了会议。

此时，红军面临着三种选择。一是向东进军，抵达茂县、松潘地区，但蒋介石已在这条路上布下了重兵，走这条路有极大的危险。

二是向西，沿一条山路到达四川西北的丹巴、阿坝地区。但这条路上少数民族众多，而且由于国民党的压迫，当地多数少数民族同胞仇恨汉族人，一旦发生冲突会给行军带来许多不便，也不利于保持民族团结。

经过反复研究，第三条路——翻越夹金山，成了唯一的选择。为了尽快甩开追在身后的敌人，胜利北上开辟新的根据地，中央红军决定，选择雪山草地一线敌人较少的地区，以达到快速行军的目的。

1935年6月初，红军来到了硗碛藏族乡，此行必经的第一座、也是最大的一座雪山——夹金山脚下，准备翻越这座海拔4 900多米的大雪山。

硗碛是夹金山下一个村镇，这里人烟稀少，森林密布，还是一派原始的风景。居住在这里的藏胞就像居住在世外桃源。红军就是要从这里翻越雪山，到小金县达维镇去，与红四方面军会合。而翻越夹金山是必经之路。

时值盛夏，战士们身上都穿着单衣，这座常年冰封的雪山就成了十分艰难的路程。无数的战士被埋葬在这里，使这里成了一座最壮烈的天然"红军坟"。

"夹金"是藏语的音译，在藏语里的意思是弯曲的道路。这是说这座山又高又陡，很难翻越。当地的居民叫这座山"仙姑山"，他们认为只有仙姑才能飞过去。

是的，这座山到处是耸立的岩壁，山峰十分陡峭。山上常年积雪，根本没有什么路。下了雪，刮了风，就结成又厚又滑的冰层，翻越时一不小心就会掉进万丈深渊。

6月11日，刚刚抵达的红军战士举目四望，只见刺眼的白光笼罩着整座大山，那漫山的白雪让人有些晕眩，就像整座山都是用雪堆成的一样，看上去既神秘又虚幻。

明明是六月天，这里好像没有得到消息似的，依然是银装素裹的世界。半山腰围着一层层厚厚的云雾，突然刮起的风吹落一片片的白雪，打在脸上，令人浑身发抖，迅速降低的温度更让人有些胆寒。

为了让战士们比较安全地过山，红四团的领导当晚就到当地居民家，讨教过山的办法。老人们佩服红军的精神，将过山要注意的事情一一告诉给红军指挥员：要上午9点之后登山，下午3点之前下山——因为早晚太冷，中间时段的温度高一些；不要在山上过夜；要用布条遮挡眼睛，防止雪光弄坏了眼睛；上山要走稳，不要停留太久，千万不要坐下；山上寒冷，要多穿点衣服；带上烈酒、辣椒等，好抵御寒气；等等。

红军指挥员在翻越前的动员大会上，仔细传达了这些注意事项。有一位藏族青年和一个在当地居住的汉族青年，对红军十分钦佩，自告奋勇要给红军当向导。于是，6月12日上午9点，红军在山脚下集合，开始翻越夹金山。

刚刚开始行军，气温就越来越低，战士们脚下踩着冻得像镜面一样的冰，每人用一根木棍支撑着，顾不得寒冷，紧跟着大部队往山上爬。

由于山太高了，空气十分稀薄，越往上爬，呼吸越困难，心跳得越厉害。战士们觉得头晕目眩，两腿又酸又软，只能一步一喘、一步一停地挪动着。

有些山沟已被常年的积雪填平了，和山背一样高，成了一片片平平的、雪铺的大广场，走在上面不知哪里是实地，哪里是山沟，十分危险。战士们就踏着前面战士走过的脚印，一步一步地小心前进。

老人们的经验牢记在红军心中，就算十分疲惫，他们也不敢停下来歇一歇，因为要是坐下来，很可能就永远也起不来了。

虽然当时正值初夏，但山上还是异常寒冷，更不用说红军指战员们刚从金沙江边上打过来，都只穿一件单衣。在山下时，同志们还热得汗流浃背。可到了山上，别说出汗了，把被子拿出来披在身上都无济于事，还是冷得浑身哆嗦、牙齿打战。

走了一小半路，晴得好好的天突然阴云密布，刮起了山风。红军战士们没有防备，好多同志都被山风卷起的雪扑了一身，原本就冷得浑身发抖，这一下更是雪上加霜。

很多战士一时支持不住，一不小心就从山上直接滑了下去。

红军队伍中不时传出惊叫声。

但红军战士们没有被困难和死亡吓倒，全体指战员以大无畏的英雄气概，拼尽全力，互相搀扶着、鼓励着，艰难地向上攀登。

当就要接近山顶时，天空突然乌云翻滚，狂风大作，比刚才不知大了多少倍的山风呼啸着吹来，大雪夹着鸡蛋般大小的冰雹劈头盖脸地砸下来。有的红军伤病员经不住冰雹、风雪、寒冷和饥饿的袭击而牺牲了；更有许多红军战士还来不及反应，就被风雪和冰雹打到了山崖下，再也没能爬上来……有许多战士连名

字也没留下，但更有许多坚韧不拔的战士，顶着饥饿和寒冷的侵袭，冒着冰雹和风雪的打击，艰难地向前行进。

冰雹过去了，夹金山上又是万里晴空，经过几个小时紧张的攀登，疲惫的红军战士全部到达了山顶。他们为自己的阶段性胜利而感到万分喜悦，虽然十分劳累，但谁也不敢停下来。

终于站到了夹金山的山顶，红军战士们俯视下去，为这奇异的银白世界感到惊奇。极目远眺，方圆百里看不到别的颜色，都是冰雪覆盖的地区，高高低低、起起伏伏的白色山头连绵不断。

回看来时路，还在攀爬的红军战士组成了一道长长的灰色人墙，沿着山顶上红军们走过的路曲曲折折地上来，十分壮观。

还有许多在半途中牺牲了的同志，在队伍两旁，以各种姿态静止着，早已失去了生命的迹象。但他们冻僵的脸上坚定的神情，在生命最后一刻仍在努力攀登的身体姿态，让还在前进的战士们感动。为了中国革命的胜利，他们就此长眠于长征路上了。

为了死难战士们生前的希望，红军战士们又开始他们的征程了。

下山时已不像上山时那么吃力，但下山的危险性增加了。"上山容易下山难"，这在爬雪山的过程中也不例外。

战士们必须更加小心，因为山高路滑，下山时很可能以极快的速度摔下山去。而刚刚下了冰雹的雪山天气并不稳定，随时有再变天的可能。

为了鼓舞士气，红军指战员命令战士们唱起歌来。大雪山也在战士们高昂的斗志面前屈服了，没有再出现恶劣的天气。

来到山脚下时，一道深沟阻断了下山的路。红军战士们小心

地绕道而走。突然，前面传来几声枪响。战士们立刻警觉起来，
低声说："敌人！注意隐蔽！"同时握紧了手中的武器，准备与
敌人来一场厮杀。这时，一个侦察员跑了过来，边跑边兴高采烈
地叫："是红四方面军！是我们的同志啊！"

与此同时，前方也传来战士们清晰的喊声："我们是红四方面军！""欢迎红一方面军的同志！"

红军队伍里顿时一片欢腾！毛泽东神机妙算，真的在这里找到红四方面军了！战士们欢天喜地地冲下山，与红四方面军的同志紧紧拥抱在一起。紧握的双手表达了终于见到亲人的激动之情，这些热血男儿不禁流下了热泪！

就这样，红军指战员们克服了一个又一个困难，经过近8个小时艰苦的行程，与残酷的自然环境进行英勇的搏斗之后，于6月12日当天晚上，翻过了夹金山，并与红四方面军三十军的先头部队成功会合。

夹金山这座没有硝烟的战场，终于翻越了，两大主力红军的先头部队也会师了！这个消息像长了翅膀一样传遍了红军各部，使两边的红军战士都鼓足了干劲儿，准备迎接新一轮的战斗！

艰难过草地

1935年6月12日，中央红军的先头部队终于翻越了夹金山，在前进途中与红四方面军胜利会师。这次会师使红军的士气大增，两方面的红军都欣喜若狂。

两方面的红军会师后，兵力加起来有10多万人。

但正值红军队伍士气高昂、跃跃欲试的时候，红四方面军的领导张国焘却以种种借口，故意拖延红四方面军主力北上。为维

护红军内部的团结，党中央在反复研究之后，于7月18日发出通知，任命张国焘为红军总政治委员，并对红军队伍进行了一系列调整。

这样，过雪山之前，毛泽东制订的松潘战役计划就没能进行下去，而被张国焘的"赤化四川"计划阻止了，致使红军在小金县和毛儿盖地区停留了一个多月时间，最终只能选择从自然条件极为恶劣的大草地北上了。

8月3日，红军制订了夏洮战役计划，将红军分成左右两路。左路军由红军总司令朱德和总政委张国焘率领，经阿坝地区北进；右路军则由前敌总指挥徐向前和陈昌浩率领，经班佑地区北上。党中央和中革军委随右路军行动。

随后，右路军进入了茫茫的毛儿盖大草原，这又是长征路上的一大挑战。

在这片草地中布满了水草、沼泽、泥潭，除了野草，什么都不长，根本就没有路。人和马必须踏着草甸走，这是唯一安全的落脚处。从一个草甸到另一个草甸，跳着前进。一天下来，精疲力竭。

有的战士又累又饿，实在跳不动，就用棍子探深浅，几个人互相搀扶着走。但还是有很多人掉进沼泽地里，往往是一个人陷进去后，另一个人伸手去拉他，也跟着掉了进去，越陷越深，再也没能出来。

过草地有三怕，第一怕没踩着草甸，陷进泥沼。

一开始战士们没有经验，不停地有战士陷进泥潭，旁边的战士们就上去救人，许多人都一起牺牲了。后来有了经验，掉下去

的也少了，帮他的同志也掌握了方法：不能动，越动陷得越深，然后站在草甸上用绑腿的布条，几个人一起拉他上来。

第二怕下雨。草地的气候变化多端，一下雨，草甸就十分湿滑，踩在上面一不小心就会摔进一旁的泥潭。

第三怕过河。草地还是十分原始的环境，上面有许多河，有的水浅一些，还能涉水过去，但多数河都又宽又深，河水冰冷刺骨，水流还很急，许多战士都在渡河时牺牲了。

正因如此，草地埋葬了许许多多的热血男儿，成百上千的红军战士没能从这里走出去而长眠草地了。

但这不是过草地最难的事情，更难应付的是饥饿。

出发前，红军指挥员命令各部队四处筹集粮食，以备过草地时有足够的力气。但当地人烟稀少，即使有人也都不富裕，红军拿着钱却买不到粮，什么办法都想了，但把当地居民的存粮都买来也不够用，负责筹粮的战士急得直哭。

战士们把征集来的青稞麦磨成面粉，再炒熟了带在身上；杀了几匹马和向当地藏胞购买的几头牦牛，做成肉干；有的战士铤而走险，看准了敌军的部队运给养，就"噼噼啪啪"地一阵乱打，抢了敌人的给养当口粮；还准备了烈酒、辣椒，以抵御寒冷。

为了过草地，同志们都学会了寻找野菜的绝活，在粮食吃完的时候，野菜就是生命的保障。最后，红军战士平均每人带着五六斤口粮，就这样上路了。

走了几天，大多数战士就开始饿着肚子赶路了。分下来的青稞麦炒面只够吃几天，虽然难以下咽但总比没有好。很多红军后来回忆，都觉得那时能够走出草地十分不可思议。

"准备的青稞麦炒面，需要用水煮着吃，没有水，干吃很难受，且口渴难熬。一下雨，青稞面被淋湿了，就成了疙瘩，再用开水和就成了稀面糊糊，不经饿。如果吃黏疙瘩，又难以下咽。"

"还有不少同志在进草地之前来不及磨面，带的就是青稞麦。这样的青稞麦只能一颗颗咬着吃，带得少，就一颗颗数着麦粒吃，尽量节省多吃一两天。咬青稞麦既吃不饱，还难以消化。一般战士准备的干粮，两三天就吃完了。"

还有的老红军回忆:

"前边的部队还有野菜、树皮充饥,后续部队连野菜、树皮都吃不上,更难熬。"

"没有能吃的野菜,他们就将身上的皮带、皮鞋甚至皮毛坎肩脱下来,还有马鞍子,煮着吃。"

"有的战士饿得实在没吃的,就将别人屙的屎里没有消化的青稞麦,或者自己屙出来的,一粒一粒挑出来,洗了再用茶缸煮着吃。吃是这样,喝也是这样。有的战士,人尿、马尿都

喝过。"

到最后的时候，实在没得吃，只好杀战马。彭德怀的大黑骡子就是在过草地时杀掉的。当时，老饲养员挡在骡子前面，实在舍不得杀。他饲养了它那么久，早就培养出感情来了，大黑骡子就像他的战友一样，要杀掉自己的战友，谁能忍心呢？最后，由于实在没有吃的了，大黑骡子还是被彭德怀亲手开枪给杀了。它的肉救活了许多红军战士，使他们有力气坚持着走出草地。然而，还是有一批又一批的战士倒下去。牺牲的战士越来越多，到后来，后面的部队，就沿着死难的战士们的遗体一路前行，根本不用向导了。

草地温差极大，早上，太阳出得晚，很冷，衣着单薄的战士们就喝点酒，或者咬点辣椒驱寒。空着肚子喝烈酒、吃辣椒，别提多难受了，许多战士都得了肠胃炎，常常疼得走不了路。但那么少的酒和辣椒哪里够用呢？两三天后就没有了。战士们只好紧紧靠在一起，彼此取暖。

到了中午，太阳升得老高，晴空万里，烈日炎炎一片云彩都没有。早上披在身上的被子、衣服被太阳晒得十分僵硬，很难脱下来。本来就疲惫的战士们被太阳晒得头晕眼花，艰难地一步一停地向前走。

下午，常常是突然阴云密布，雷电交加，暴雨冰雹劈头盖脸地打下来，令人猝不及防，逃都没地方逃。

刚晒干的衣服又一次被打湿，风吹来，冰冷入骨。

在草地里，战士们身上、脚上永远是湿的：早晚是雨水，中午是汗水。战士们的衣服都发霉了，由于太潮湿，不少伤员的伤口都发炎了，久久不能愈合。很多伤员因此发着高烧，在茫茫的大草地上永远闭上了眼睛。

夜晚时多是雾雨笼罩的天气，草地上找不到一块比较干的地方宿营，累极了的战士们就找一个土丘或是河边高地，有的就地而卧，用石头做枕头休息；有的坐着打盹，或者背靠背睡一会儿。

彭德怀领导的红三军团走在最后，前面的部队过去后，留下成堆的战士遗体，他们就负责掩埋，让牺牲的战士入土为安。但所谓的掩埋，也就是让战士们的身体，不至于暴露在光天化日之下。大草地上有多少"红军坟"，谁也说不清楚。

雪山小太阳

夹金山山峦起伏，白雪皑皑。

狂风夹杂着大片的雪花翻卷咆哮着，凛冽的寒风中，雪山似乎也在战栗。前进的队伍有些迟缓了。寒冷、饥饿、稀薄的空气侵袭着这支坚强的队伍，已经有很多同志在这片让神灵都敬畏的土地上永远闭上了眼睛。

突然，风雪中传来一阵充满活力的歌声："夹金山高又高，坚持一下胜利了！翻过雪山是晴天，嘿！太阳暖和和，战士笑呵呵……"歌声穿透风雪，驱散了寒冷与疲惫，给前进中的队伍带来阵阵暖意。

大家抬头望去，山坡上一个小小的红色的身影跳着、唱着，挥舞着手里的快板，快乐的身影像一团跳动的火焰。"我们的小

太阳又升起来了！"战士们笑了。

这名唱歌的女战士是红军队伍里的小卫生员，谁也不知道她的名字。

一路上，小姑娘把行进中的故事编成歌谣鼓舞着大家前进，成了大家的"开心果"。翻雪山时，小姑娘身体单薄，同行的大姐怕她冻坏，把身上穿的一件红毛衣送给了她。她高兴极了，穿着这件长及膝盖的大毛衣在队伍里跑前跑后，在山坡上唱着跳着，红艳艳的颜色在雪地里分外耀眼，大家就开玩笑地叫她"小太阳"。

队伍接近山顶了，空气越来越稀薄，连呼吸都困难。很多同志因为疲惫和饥饿坐在了雪地上，这一坐，便成了冰雪的雕像。红毛衣也抵挡不住寒冷的侵袭，"小太阳"的脚步也越来越迟缓。

突然，她停了下来，路边坐着一个受伤的

战士，把头埋进臂弯里像在打瞌睡。在这里，停下就意味着死亡。"小太阳"拼命地摇着他，战士只是含糊不清地说："冷，冷……"

队伍依然缓缓地前进着。有人突然发现，队伍里不见了那个快乐的红色身影。干部休养连的战士们到处寻找，在半山坡的雪地里，看到这个年少的卫生员静静地躺在山坡上，已经没有了生命的气息。她只穿着一件单薄的军衣，小小的脸上没有一丝血色。在担架上，战士们找到了那件红艳艳的大毛衣，它穿在一个受伤的战士身上。

受伤的战士流着泪回忆说，困乏时坐在雪地里，只觉得有人在拼命地拉着他，对了，还听见了歌声，他说，很熟悉的歌："翻过雪山是晴天，嘿！太阳暖和和，战士笑呵呵……"

所有人都沉默了，受伤的战士脱下红毛衣，郑重地铺在雪地上。它像女战

士快乐的微笑，舒展在茫茫雪地中。仰首望去，峰顶已经微现阳光，太阳红彤彤，照在皑皑白雪之上，映出一道道金色的光芒。

　　穿过岁月的悠远，80年前，那许许多多美丽的壮烈的故事依然生动、依然鲜活。曾经有一个爱唱歌的小女孩，快乐地行走在这支波澜壮阔的队伍里。她唱过最响亮的歌谣，让疲惫的战士仰望天空，看到太阳；她跳过最动人的舞蹈，让受伤的老兵忘记伤痛，欣然而笑；她曾为一件普通的红毛衣欣喜不已、视若珍宝，在最危险的时候她又把自己最珍爱的东西，连同生的希望和力量，让给了自己的战友。

　　她还只是个孩子。那一年，她15岁。

第二章

血沃中华民族魂

八女英魂照千秋

——记冷云等八位女烈士

1938年11月4日，东北抗日联军第二路军总指挥周保中在深山密林中写的日记里，确切地记录了发生在当时、后来闻名中外的抗联"八女投江"的史实。

这8位女英雄是：冷云、杨贵珍、安顺福（朝鲜族）、胡秀芝、郭桂琴、黄桂清、王惠民、李凤善（朝鲜族）。带头人是共产党员、抗联妇女团政治指导员冷云。

冷云原名郑致民、郑香芝。1915年生于黑龙江省桦川县，1931年至1935年在桦川县立女子师范学校读书，1934年加入中国

共产党，1936年加入抗联第五军。

可歌可泣的"八女投江"的壮举，发生在1938年10月下旬的一天。

当时，中共吉东省委和东北抗联第二路军总指挥部决定：为了冲破敌人企图将活动在松花江下游地区的抗联部队"聚而歼之"的阴谋，跳出敌人的包围圈，所属部队第四、第五军向黑龙江省西南的五常地区进行远征，以便和在吉林地区活动的抗联第一路军及第二路军所属的第十军打通联系，开辟新的游击区。

5月间，第二路军所属的第四军、第五军开始集结行动，由于不断遭到敌人的阻击，直到6月下旬才克服重重困难，到达远征集结地牡丹江下游刁翎地区。第五军妇女团也奉命参加此次远征。

7月2日，西征军袭击了牡丹江岸的三道通小镇，缴获了一部分给养和武器弹药。接着由四道河子西进，经过150余千米荒无人烟的高山密林地带，越过老爷岭，于7月上旬进入苇河县境内。冷云和妇女团的女同志与男战士一样，跋山涉水，战胜许多困难。7月12日，妇女团参加了攻打楼山镇战斗，之后，随第五军一师西征。

8月，西征部队进入苇河、五常后，遭到敌人重兵围追堵截，空中有飞机侦察、扫射轰炸，地面有3 000多日伪军进行围攻，我军伤亡很大。

在这种险恶形势下，第五军一师剩下的100多人，决定返回牡丹江下游刁翎地区寻找军部。这时原有30余人的妇女团，经过多次激烈的战斗，大部分牺牲了，只剩下指导员冷云、王惠民和李凤善等8名同志，最大的23岁，最小的才13岁。她们跟随部队，穿行在人迹罕至的原始森林中，衣服和鞋子早已破烂不堪了，没有粮食吃，就以野菜、野果、树皮和河沟里的鱼虾、蛤蟆等充饥。

10月下旬的一天夜里，这支队伍露宿在刁翎县境（今林口县）内三家子屯附近乌斯浑河西岸柞木岗山下的河滩上，准备从这里过河，再绕道去克斯克山里，寻找第五军军部。深秋季节，冷风阵阵，寒气逼人，有些水坑已结成薄冰。为了取暖，队伍分散地燃起了十几堆篝火，围着取暖休息。经过长期的饥饿行军和战斗，战士们极度衰弱、疲乏，一躺下很快就进入了梦乡。

冷云等8名女同志围着靠近河边的火堆休息，大家互相偎依着用体温取暖，有的抓紧时间缝补衣裳。13岁的小战士王惠民，身体瘦弱，经受不住夜里的寒冷，蜷曲着身子，瑟瑟发抖，冷云怜惜地把她搂在怀里。这个小战士的父亲参加抗联第五军，在军部任军需副官，家里房屋被日军烧毁，她和弟弟妹妹跟着母亲到处躲避日、伪汉奸的追捕。1937年她才12岁，就参加了抗联第五军妇女团。参军后不久，爸爸在战斗中牺牲了，她更加仇恨敌人，也更加坚强了。她经常给伤病员和群众唱歌，进行宣传。她最爱唱的一支歌是"日出东方分外红，曙光照满城，大家快觉醒，看那鬼子多奸凶，国家人民全叫它坑"。

那个长得很秀气的杨贵珍，当时才18岁，是刁翎东柳树河子人。1936年冬天，抗联第五军妇女团活动到柳树河子时，她参加了部队。她在家时没有名字，参军后，大家认为她参军不易，很宝贵，给她起了个名字叫贵珍。在部队里她进步很快，1937年秋

天加入中国共产党。

就在冷云她们围火休息的时候，日军密探、大特务葛海禄从附近的样子沟下屯到上屯去找情妇作乐，在岗梁上望见西山河滩有几簇火光在闪动。

凭着为敌人当走狗的嗅觉，他判定这火光必定来自露营的抗联队伍，立即跑回去向日军守备队报告。驻刁翎日军司令熊谷大佐当即命令日军所属各部和伪军，计千余人，连夜向我抗联第五军一师的露营地扑来。

第二天拂晓，抗联队伍整装待发。关师长命令会泗水的师部参谋金世峰带领8名女同志先行渡河。他们走到河边，见乌斯浑河在涨水，河中波滚浪涌，发出哗哗的吼声。

洪水已吞没了原先渡河道口，金参谋先下河试探深浅往前游，让冷云带领7名战士跟在后面。冷云她们正要下河，突然枪声大作，潜伏的日伪军见抗联队伍起程，发动攻击，战斗异常激烈。我军在河滩上，仓促应战，地形很不利，于是边还击边向西边密林地带转移，而冷云等8名女战士却被隔在了河边。

冷云见大队突围西走，为了掩护大队快些撤走，便让战友们隐蔽在柳条丛后边，说："向敌人射击！把敌人火力引过来，让大队冲出去！""是，让大队冲出去！我们牺牲了也值得！"7名女战士异口同声地回答。8支长短枪一齐向敌人开火。她们从侧面一打，敌人顿时慌乱起来，怕腹背受击，一部分敌人立即转过身来向河边还击。敌人火力分散了，我大队趁势冲了出去，进入了密林。

已突围的大队领导人，发现冷云等8名女战士为掩护大队突围，仍据守在河边，牵制敌人的火力，处境非常危险，于是李团长又率队折转回来，向敌人进行反击，想杀开一条血路，把冷云等8名女同志接出去，但已失去战机。敌人用凶猛的炮火控制住山口，反击队伍伤亡很大。这时冷云她们对着远处齐声高喊："不要管我们！保住手中枪，抗日要紧！"敌人集中火力向冷云她们据守的河岸阵地猛扑过来，步步逼近，企图活捉她们。敌人的算盘打错了，冷云等8位女战士，虽然人少力单，使用的又都是轻武器，弹药也不足，但她们却有着与侵略者血战到底的英雄气概，沉着地向敌人还击，杀伤了十多个日伪军。

敌人一时摸不清柳条丛里的底细，没敢再发动冲锋，只趴在地上继续射击，子弹在八女的头上呼啸着飞过。

天亮了。冷云抬起头，向四周扫视。她们所在的地势很不利，河岸上光秃秃的，隐身的柳条丛也被敌人的机枪子弹削平了，那些能够遮蔽身体的荒草，有几处被炮火烧着，浓烟向四处蔓延；身后是百多米宽的大河，卷着巨浪，向北奔腾流去；河对岸是大、小关门嘴子山，山上经霜的柞叶，在晨曦的照射下红彤彤的，像无数面血染的战旗。

敌人连连用迫击炮向河边射击，河边的荒草燃烧得更炽烈了，这时敌人又发起了冲锋。冷云大喊一声："打！狠狠地打！"她们一边向冲上来的敌人猛射，一边又投出几枚手榴弹。敌人又退却了，暂时停止了进攻。

冷云看看战友们，见黄桂清、郭桂琴负了伤，急忙撕下自己的衣襟和杨贵珍一起给她俩包扎。安顺福、胡秀芝、李凤善、王惠民正脱下自己的衣服扑打烧向身边的大火。冷云命令架起负伤的战友，借着荒草燃烧的浓烟，迅速撤到河边土坎下。

她们的子弹打光了，手榴弹也只剩下两枚，战友有的负了伤，怎么办？

前面是凶恶的敌人，背后是汹涌奔腾的大河，她们8个人都不会泅水，摆在她们面前的只有两条路：被俘或战死。

冷云对大家说："咱们是共产党员、抗联战士，宁死也不做俘虏！现在只有涉水过河。能过去，就找到军部继续抗日，战斗到底；过不去，就跟乌斯浑河水永生吧！""指导员说得对！咱们宁可站着死，也不能跪着生！过河！"安顺福大姐坚决地响应。

"对！过河！"同志们齐声回答。这时，敌人发现河边只有

几个抗联战士，恶狼似地冲了上来，不住地号叫着："你们跑不了啦，赶快投降！""捉活的！捉活的！"

"下河！"冷云站起来，把空匣枪插进腰里，和杨贵珍把最后两枚手榴弹奋力扔向冲上来的敌人。战友们互相搀扶着下到河里。突然，从对面远处飞来一串机枪子弹，王惠民身子一歪倒下了。冷云刚要去抱她，一颗子弹打中了她的肩头。胡秀芝赶忙把她扶住，安顺福抱起小王朝前走。原来河东岸小关门嘴子山头被日军抢占，他们用机枪封锁江面。

冷云用手捂着伤口说："走！"胡秀芝搀扶着冷云，杨贵珍和李凤善背起负伤的小黄和小郭，大家手挽着手，高唱着《国际歌》向河心走去。"……满腔的热血已经沸腾，要为真理而斗争！……"水深浪急，寒流刺骨，悲壮的歌声回荡在乌斯浑河的上空。日军看见只是几个女兵，把他们上千的人马拖在河边三四个小时，还打死了数十名日伪军，真是气得心肝肺疼。日军乔本队长狂叫："打！统统地死了死了的有！"子弹呼啸着从女战士们的头上、身边飞过，她们忽而倒在水里，忽而又挣扎起来。这时敌人的一颗迫击炮弹在她们的身边爆炸，掀起一股巨浪，水面上再也看不见女英雄们的身影，再也听不见悲壮的歌声，只有奔腾的浪花，汹涌的波涛，向远处的牡丹江流去，流去……

凶狠的日军熊谷大佐，摇晃着大脑袋哀叹："中国，连女人都不怕死，中国灭亡不了！……"1982年，中共林口县委、县政府在乌斯浑河东岸的小关门嘴子山山坡上，建立起雄伟的烈士纪念碑，上面镌刻着抗联老战士、黑龙江省省长陈雷的亲笔颂词——"八女英魂，光照千秋"。

狼牙山上壮高风

——记马宝玉、胡德林、胡福才、葛振林、宋学义五壮士

在抗日战争最艰苦的年月，中华民族的优秀子孙——马宝玉、胡德林、胡福才、葛振林、宋学义，在屹立于华北易水河畔的狼牙山上谱写了一曲惊天动地的壮歌。他们为了掩护主力部队和人民群众安全转移，与日寇进行了殊死搏斗，最后弹尽粮绝而舍身跳崖，用宁死不屈的革命气节谱写了壮丽的篇章。1942年，晋察冀军区司令员兼政治委员聂荣臻为修建在山上棋盘坨的烈士纪念碑题词：

"视死如归，本革命军人应有精神；宁死不屈，乃燕赵英雄光荣传统。"

抗日从军投八路的七连指导员蔡展鹏刚上任，连长刘福山借点名的机会，让他同全连指战员见面。蔡展鹏在上任前就听说过六班长马宝玉脾气好，不太爱说话，有"大姑娘"的绰号。这回见面，着实地打量了一番：马宝玉，身高约1.70米，白皙的椭圆脸，单眼皮，小眼睛，厚嘴唇，他那老成持重的样子，让人感觉他是一个经历过风霜的年轻人。

胡德林说话含糊，打仗却不含糊，平时也挺幽默。春节时，连队扭秧歌迎新春，他硬给马宝玉套上一件花褂子，扮成一对"夫妻"，扭了好一阵子，乐得大家合不拢嘴。

胡福才也是容城县人，个子比较矮，双眼皮，大眼睛，圆圆的脸蛋红扑扑的，就像熟透了的苹果。胡德林给他取了个外号，叫"小胖墩"。他从小流离失所，行乞度日，无法记清自己的身世。胡德林待他像亲兄弟一样。给他起名叫胡发财。

1938年秋，一团攻打冀中腹地——容城之前，他和胡德林3天未进食，饿昏在路旁的沟里。是一团一位战士把自己的一袋干粮送给他俩，拯救了两条苦难的生命。部队打仗时，他俩帮助部队送弹药、抬伤员。战斗结束后，他俩跟在队伍后面走了很远的路程，坚决要求参军。部队首长把他们分配到七连。还给胡发财改名为胡福才。

马宝玉、胡德林、胡福才入伍后，先后参加了攻打容城、保卫阜平、激战大龙华、转攻雁宿崖、黄土岭等多次战斗，作战非常勇敢。阜平战斗中，日军施放瓦斯毒气，胡德林、胡福才都中毒昏迷，担架队把他们送下火线。但是他们苏醒后，又投入了战斗。黄土岭战斗中，马宝玉负了重伤，仍然坚持战斗，不下火

线。在党组织的培养教育下，他们懂得了"为谁扛枪""为谁打仗"的革命道理，练就了一身过硬的杀敌本领。1939年冬，马宝玉加入中国共产党，担任六班班长。从此，马宝玉和胡德林、胡福才、葛振林成了朝夕相处的战友。

1940年上半年，一团七连六班随连队南下，参加了反击国民党军队朱怀冰部的战斗，在粉碎国民党第一次反共高潮的斗争中冲锋陷阵。宋学义就是在这次战斗中被解放过来，参加八路军的。同年秋，他们在平汉路东运粮战斗中负责架设桥梁，为部队和民兵运粮队伍开辟了通道，后随连队参加了著名的百团大战，在涞源一带痛歼日寇。

1941年8月，华北日军总司令冈村宁次调集10万余兵力，对晋察冀军区北岳、平西根据地实行大"扫荡"。进攻狼牙山的敌人是日军旅团长高见指挥的部队。

狼牙山因其峰峦状似狼牙而得名。它是晋察冀边区东线的大门，有5坨36峰，面积约225平方千米，主峰莲花瓣海拔1 105米。远远望去，群峰突兀连绵、壁若刀劈斧凿，大沟深壑，怪石林立，宛如一群雄狮猛兽俯卧在易县西南部（距县城45千米）。它不仅在军事上占有重要地位，而且是抗日根据地的"宝库"，山上存放着八路军的很多弹药、被装和粮食，是敌人进攻的重点。

在敌强我弱的情况下，一分区及时将一团主力部队调到边区领导机关周围担任警卫任务。狼牙山地区只留下一团七连和部分民兵坚持斗争，掩护群众秋收，破坏敌人交通，牵制敌人进攻边区的兵力。

分区领导考虑到七连的任务比较重，留下司令部侦察科长，携带电台，指挥狼牙山地区军民反"扫荡"，并随时报告敌情变化情况。

9月23日，团长邱蔚获悉敌人要大举进攻狼牙山的情报，当即通知驻在林泉的七连连长刘福山上山，将牵制敌人、掩护群众安全转移的任务交给他。

在敌人"扫荡"期间，易县、涞源、徐水、满城等县的抗日政府机关和数万群众，都相继转移到狼牙山地区。七连要完成上级交给的任务，困难很大。刘福山回来后，与指导员蔡展鹏立即召开党支部大会进行研究。

会上，大家认真分析了敌我态势，认为敌人在兵力、装备上都占有优势，我们不能硬拼，必须发扬我们熟悉地形之长，以少胜多。

一场大战即将来临，七连指战员隐蔽在山梁上严阵以待。9月24日拂晓，敌人开始行动了。整个狼牙山地区，熊熊的火龙狂舔着灰白色的云块，浓黑的烟雾腾向苍穹。扶老携幼的乡亲们，有的挑着担子，有的背着行李，汇成一股长长的队伍，在民兵和政府干部的组织下，沿着蜿蜒的山沟，缓缓地向远处走去。

七连在掩护主力部队和人民群众安全转移后，在山上顽强地阻击敌人，打退了敌人的几次冲锋。9月25日天亮后，蔡展鹏带领连队向老君堂方向突围转移，留下六班掩护，阻击向棋盘坨运动的敌人。

"我们的任务完成了，走！"马宝玉率领全班又一次打退了敌人的冲击后，下达了撤退的命令。他一会儿望望主力转移的方向，一会儿望望棋盘坨。

　　眼前有两条岔路：往右的路可通往老君堂，但敌人就在身后，我们走到哪，敌人就会跟到哪，这样主力部队和转移的群众就暴露了；往左通往棋盘坨，上了棋盘坨，便无路可退，但可保证主力和乡亲们的安全。马宝玉思索片刻，拿定了主意：宁可牺牲自己，也要把敌人引向绝路！他提起枪，刚毅地说："走，上棋盘坨！"棋盘坨因顶端一块大岩石上刻有围棋盘得名，陡峭险峻，两面悬崖绝壁。另外两面，一面连接主峰莲花瓣，上了莲花瓣，到处是绝壁深渊；一面是陡坡，坡上有一条崎岖的小路。路两旁巨石半悬，令人毛骨悚然。

　　马宝玉带领全班沿着崎岖小路，向棋盘坨攀去。

　　"我们先在草丛里隐蔽起来，敌人上来，我们就打，敌人不上来，咱别理它！"葛振林说。

　　"对！咱们把手榴弹、子弹清一清，尽量节约，把能搬动的

石头都搬到路口上来!"马宝玉吩咐完,又小声对葛振林说:"只有我俩是党员,你带宋学义守左边,我带胡德林、胡福才守右边。"不一会,六七十个敌人顺着山路爬上来。距离顶峰还有200米左右时,敌人停了下来。几个伪军喊道:"八路赶快缴枪,皇军优待俘虏!"敌人叫了一阵,不见动静,指挥官把刀一挥,几十个敌人"哇哇"地叫着往上爬。

待敌人到了跟前,马宝玉拿着一枚手榴弹说:"来吧,我用手榴弹优待你!"随即投向了敌群。大家都先后投出了手榴弹,炸得敌人直往下滚。

激烈的战斗,使棋盘坨光秃秃的山包弹痕累累,被打断的松枝躺倒在破碎的石块上,冒着缕缕青烟。敌人不甘心失败,在火力掩护下,再次组织进攻。

马宝玉他们都没子弹了。只有胡福才偶然在地上找到了一枚手榴弹,他刚要往下扔,马宝玉抢前一步夺了过来,别在腰里,沉着地说"用石头砸",大家一个劲地把石头推下山坡。

只见成串的坚石一蹦三蹿地顺着陡峭的山势,越滚越快,刹那间,敌人夹杂着石头,"哗哗啦啦"向山谷里滚去。敌人步步逼近,五壮士没有丝毫畏惧。马宝玉转过身对大家说:"我们已经完成了党交给的任务,革命战士宁死不投降!"宁死不投降!这是五壮士共同的心愿。他们渴求着壮丽的一生,绝不活着当俘虏。

马宝玉举起那支从敌人手中夺来的"三八"枪说:"同志们,砸吧,不能把武器留给敌人!"砸了枪,马宝玉和葛振林交谈了几句,然后从口袋里掏出一个小本子,放在膝盖上匆匆写着，写好后，向胡德林、胡福才、宋学义招了招手。3人都围了过去。

"同志们！"马宝玉用激动的声音说："我和葛振林是共产党员，以前我们俩对你们帮助不够，没有培养你们入党。这次战斗证明，你们3个人都具备了成为一名光荣的共产党员的条件。以后同志们如能找到我的尸体，就会在我的衣袋里发现我和葛振林介绍你们3人入党的信。现在，我们都用实际行动，表示我们对党的无限忠诚吧！"说完，把小本装进口袋，大步向悬崖走去。葛振林、胡德林、胡福才、宋学义也昂首挺胸，紧跟在他的后面。

敌人爬上来了。他们见五壮士无路可走，立在悬崖，便端起刺刀喊着："抓活的，抓活的！"扑了上来。

马宝玉像每次发起冲锋一样，大喊一声："同志们！跟我来！"第一个纵身跳下深谷。胡德林、胡福才、葛振林、宋学义也相继跳了下去。巍巍狼牙山谷中回荡着他们气壮山河的声音："打倒日本帝国主义！""中国共产党万岁！"

微风吹散了硝烟，暮色笼罩了苍茫大地。马宝玉、胡德林、胡福才永远地睡去了。葛振林、宋学义被山腰崖畔的松树托住，身负重伤，被老乡们救起。

晋察冀军区为表彰五壮士的英雄事迹，决定在烈士牺牲的地方建立纪念碑，命名为"狼牙山三烈士碑"（1942年1月修建，1943年被日寇用炮炸毁）；授予马宝玉，胡德林、胡福才三烈士为一团"模范荣誉战士"，部队每逢纪念日点名，首先从这三名荣誉战士点起；通令嘉奖葛振林、宋学义，各授"模范青年"奖章一枚。

　　1959年，党和政府为纪念英烈，教育人民，在狼牙山棋盘坨重建了纪念塔，塔身正面是聂荣臻元帅手书的"狼牙山五勇士纪念塔"几个大字。1986年又重建增修。

刘老庄连谱壮歌

——记白思才、李云鹏等82位烈士

1943年3月18日，新四军第三师七旅十九团四连，在江苏淮阴刘老庄，与装备精良的日军3 000多人进行了一场惊心动魄的战斗，全连82名同志，为掩护淮海区党政军领导机关和当地人民群众安全转移，同敌人整整搏斗了12个小时，最后弹尽粮绝，端起刺刀与敌人展开了殊死肉搏，全部壮烈殉国。

朱德总司令在《八路军新四军的英雄主义》一文中称："全连82人全部殉国的淮北刘老庄战斗……是我军指战员的英雄主义的最高表现。"

四连连长白思才原是团作战参谋，16岁参加红军，从他的家

乡江西长征到陕北，又渡河东征，北上抗日，曾参加过举世闻名的平型关大战，是一个英勇善战、沉着机智的指挥员。指导员李云鹏，江苏沛县人，原是个青年学生，师范毕业后，当过两年小学教员。1936年，在抗日救亡运动中，参加了"民先"组织，后到延安抗大学习，毕业后分配到八路军第一一五师，担任连队文化教员、政治指导员，是一位优秀政工干部。副连长石学富、一排长尉庆忠、二排长蒋元连、三排长刘登甫都有着丰富的斗争经验，有的还是经过长征的老红军战士。

连队的战士大都是1939年入伍的，思想基础较好，党员、团员占

三分之一以上。这支在抗日烽火中诞生并成长起来的英雄连队，在白思才和李云鹏的带领下，在刘老庄战斗中用生命和鲜血谱写了一曲革命英雄主义的壮烈战歌。

1943年3月17日，淮海敌占区所有城镇据点除留部分伪军看守外，日军全部星夜出动，开始对华中抗日根据地淮海地区展开大规模的"扫荡"。

敌人妄图首先合围六塘河一带的我党、政、军领导机关。灌云、东海之敌于当日晚上进入淮海区的腹地高沟、扬口秘密隐蔽，又乘着夜色继续向中心区移动；泗阳（众兴）的敌人连夜赶到后庄圩子，继续向钱集方向进犯；涟水之敌已从对岸的码头偷渡盐河；守备在徐州战略要地的敌人也偷偷出来增援沭阳守军，连夜沿淮沭公路南下。同时，从淮阴城窜出一大股敌人，这是侵华日军的主力之一——第六十五师团，也是他们这次"铁壁合围"的指挥中心。师团长川岛纠集3 000多人马，携带大量的轻重机枪和100多门火炮，杀气腾腾地向六塘河逼近。敌人洋洋得意，眼看就要占领盐河南岸的古寨镇和大槐树渡口，新四军第三师七旅十九团四连披星戴月，急行军赶在敌人的前面，到达了川岛部队北犯的必经之路——刘老庄。

刘老庄是苏北平原上一个普通村庄，人不足百户，地不足百亩，距淮阴城约25千米，离六塘河约10千米，紧靠淮沭公路右侧，其地理位置十分重要。在敌人大举进犯的形势下，上级决定以一个连的兵力，在刘老庄一线阻击敌人，迟滞敌人的行动，打乱敌人的部署，掩护党、政、军领导机关和人民群众安全转移。十九团四连担当的就是这样艰险而重要的任务。

3月18日，敌人渐渐出现在全连指战员的眼前。冲在最前面的是敌人的尖兵部队，后面跟着大队的人马，其中夹杂着三四十个骑着高头大马、身挎东洋刀的家伙，看得出是敌指挥官。当敌人逼近至离四连阵地只有五六十米时，白思才率先用重机枪开了火，接着全连的火力一起猛扫。敌人尖兵应声倒地，后续部队半天回不过神来，丢下几十具尸体，仓皇后撤。我四连无一伤亡。

川岛挨了当头一棒，指挥各路人马从四面向刘老庄迂回，形成包围圈。

白思才和李云鹏经过商讨，为了钳制敌人的重兵，同时不使刘老庄群众受大损失，果断地将连队撤出庄子，在村北一片开阔地带利用"抗日沟"固守，而且新修了一些工事。

日军第一次冲锋被打垮后，再次组织又一个中队向四连发起猛攻。当日军距四连阵地尚有百米远时，四连的枪榴弹集中打向敌人机枪火力点，使其变成哑巴。趁进攻的敌人失去火力掩护，白连长趁势组织轻重机枪一齐开火，打得敌人乱作一团，伤亡一片。往回逃的敌人又被四连的神枪手当作活靶子，"报销"了一些。有20几个日本兵冒死爬到四连阵地前沿，白连长一声令下，战士们跃出战壕，端起刺刀杀向敌人。不到10分钟，这些敌人全部被消灭。

四连的弹药所剩无几。李云鹏看到阵地前敌人尸体旁都有枪和子弹，便决定"武装验收"。一排长尉庆忠对指导员说："我在团部当过军需干事，验收弹药是我的老本行，让我去吧。"指导员批准了他的请求。尉排长带着突击小组，匍匐接近敌人的尸体。敌人发觉了他们，集中火力封锁。突击小组冒着弹雨，硬

是将数千发子弹抢了回来，还陆续运回二三十支崭新的三八式步枪。但四连也付出了沉重的代价：为了掩护战友，老红军战士、一排长尉庆忠在返回途中献出了自己的生命。

中午，敌人又连续发起三次冲击。投入的兵力一次比一次多，火力一次比一次猛，但都以失败而告终。英雄的四连接连打退了敌人五次冲锋，杀伤了大量敌人。

下午2点，敌人暂时停止了攻击。四连党支部抓住空隙召开支委会，作出决议：一定要坚持战斗到天黑，待领导机关安全转移后，再组织突围。同时向全连发出号召：英勇杀敌，争取反"扫荡"的彻底胜利！支委会议精神传达后，全连群情高涨。从营里调到四连来帮助工作的青年干事孙尊明，教战士们唱起自编的歌曲："枪榴弹，威力大，火力点，开了花；曲射炮，不虚发，打得鬼子喊爹妈。轰啊！轰啊！……"有的战士在战壕里向党组织提出了入党申请。党支部根据这些战士的志愿和战斗表现，接收了一批战士火线入党。新党员们在阵地上庄严宣誓：为了中华民族的解放事业，坚决与敌人血战到底，誓与阵地共存亡！

敌人付出惨重代价，没能前进一步。日军指挥官集中上百门大炮，从中午到黄昏，接连向四连阵地轰击了6个小时。四连凭借防御的一条宽约160厘米、深约130厘米的壕沟，几乎被敌人炮火炸平了，伤亡不断增加。但勇士们硬是凭着比钢铁还要硬的革命意志，死死地坚持在阵地上。白思才被一发炮弹夺去了左手，这是他参加革命后第九次负伤。李云鹏也多处负伤，血迹满身。他俩忍着伤痛，坚持指挥，四连阵地始终屹立不动，像一堵炸不烂的铜墙铁壁，横在敌人前进的道路上。

傍晚时分，敌人停止了炮击。这时，全连只剩下30余人了，而且大部分负了伤，子弹和手榴弹几乎打光。大家一天滴水未进，个个嘴唇干裂得出血。

白思才和李云鹏估计领导机关已经安全转移，便决定把剩余的子弹集中起来给机枪使用，拆毁多余的武器，埋掉拆下来的零件。这时，李云鹏向全连作了最后一次动员："为了祖国的解放事业，我们要和敌人作殊死的搏斗，争取杀伤更多的敌人，坚决不作敌人的俘虏！"随即，响起"坚决战斗到底，绝不当俘虏！""中华民族万岁！"的口号。

天渐渐黑下来了。敌人借着夜幕掩护汹涌而来。当敌人逼近四连阵地时，四连仅剩的两挺机枪又喷吐出火舌，打倒一批批敌人。不一会儿，子弹打完了，手榴弹也投光了，敌人从四面包围上来。白思才猛地跃出战壕，大喊一声："同志们，杀！"李云鹏边冲边喊："考验我们的时候到了，和敌人拼啦！"在一片壮烈的喊杀声中，战士们冲出战壕，与敌人展开白刃格斗，终因敌我力量悬殊太大，全部壮烈牺牲。

蜂拥而来的敌人提心吊胆地走进四连战壕，不但没有抓到一个俘虏，而且连一支完整的枪也找不到。川岛这时才发现，与他的3 000精兵殊死搏斗了一天多的仅是新四军的一个连队。而就是这个连队，打退了他的5次冲锋，顶住了6个小时的炮轰，死死拖了他12个小时，打死打伤日军官兵近600人。

如今，这支英雄连队仍在解放军序列之中，这就是原济南军区某部四连。

铁骨铮铮英雄志

——记抗联英雄赵尚志

赵尚志（1908—1942），辽宁省朝阳县（今辽宁省朝阳市）人。1925年夏，加入中国共产党，同年冬入黄埔军校学习。1926年夏，回东北从事革命活动，曾两次被捕入狱，始终严守党的机密，坚贞不屈。1932年年初，负责中共满洲省委军

委工作，曾与杨靖宇同事。1934年2月起，历任东北抗日联军司令、东北人民革命军第三军军长等职。1942年2月12日，在率部袭击梧桐警察分所的战斗中被内奸打伤，受伤昏迷后被日军逮捕杀害。

　　信仰是一个人的精神支柱，有了信仰的人，无论是在多么恶劣的环境，也能如春天的小草一般，具有顽强的生命力。赵尚志

用他短暂而辉煌的一生向我们展示了一个优秀的共产党员对于信仰的坚守和执着。

赵尚志生于辽宁省朝阳县喇嘛店的一个农民家庭。父亲赵子服，清末秀才，在家乡教私塾，幼年的他因此受到良好的教育。1917年年初，赵子服因参与打死几个抢掠百姓、强奸民女的官兵而受到官府的追捕，被迫背井离乡，外逃避难。1919年，赵尚志随父举家来到哈尔滨，后经同乡介绍，父亲在资本家吕家大柜当账房先生。年仅11岁的赵尚志从此走上社会谋生，曾当过学徒、杂役、信差等。坎坷的经历，使他成长为一个能吃苦耐劳、具有倔强性格和反抗精神的少年。

1925年2月，赵尚志考入许公中学补习班，组织成立"文学研究会"（读书会），开始阅读进步书籍，结识了中共哈尔滨支部书记吴丽石和负责青年工作的彭守朴。6月中旬与同学组织成立哈尔滨第一个学生会组织——许公中学"学生自治会"，被选为副会长兼交际股长，开展学生爱国运动。1925年夏，他积极参加声援上海工人、学生"五卅"反帝爱国斗争，经彭守朴介绍加入中国共产党，成为东北地区最早的党员之一。

10月，赵尚志利用第一次国共合作时机，根据党组织指示，负责国民党哈尔滨市党部与朱霁青领导的国民自治军总司令部之间的联络。12月末经中共哈尔滨特别支部同意，南下广州，考入黄埔军校，初为入伍生，经考试合格编入第五期政治大队。在校期间，加入周恩来领导的"青年军人联合会"。

1926年夏，赵尚志回到哈尔滨后，先后在哈尔滨领导学生运动，在双城从事建党工作，在长春市开辟党的工作。同年10月中

共长春支部正式成立，赵尚志在中共长春支部负责党的长春通讯站工作。11月，他利用国共合作的有利时机，与国民党员一道成立了国民党吉林省党部，并担任常务委员兼青年部长。不久，赵尚志的活动被日本特务机关发现并告密。1927年3月2日，赵尚志被奉天（今沈阳）军阀驻长春宪兵逮捕并关进了长春第一监狱，后被押至南京。由于他始终坚持说自己是国民党员，没有暴露共产党员的身份，所以同年5月20日被释放出狱。

出狱后，赵尚志又被党组织派回东北工作。1930年秋，赵尚志到达沈阳后被分派在中共满洲省委做共青团的工作。1931年4月，赵尚志第二次被捕入狱，严守党的秘密，坚贞不屈，在狱中党组织的领导下同敌人展开了坚决的斗争。"九一八事变"后，经党中央和满洲省委营救出狱。

1932年年初，中共满洲省委任命赵尚志为省委军委书记。同年6月，东北大部分国土都陷于日本帝国主义的铁蹄之下。赵尚志面对国破家亡的危急形势，发誓要在北满尽快成立一支反满抗日武装，以武装斗争直接反抗日本帝国主义对东北人民的奴役和压迫。在他的一再要求下，中共满洲省委同意赵尚志离开哈尔滨，秘密前往巴彦县到张甲洲领导的巴彦游击队工作。化名李育才的赵尚志到了巴彦后，帮助张甲洲整顿了队伍，培养了一批抗日骨干。

1932年11月，根据满洲省委指示，巴彦游击队被编为中国工农红军第三十六军江北独立师，张甲洲任师长，赵尚志任政治部主任。这支抗日队伍在张甲洲、赵尚志等的领导下，深入敌后，开展游击战争，曾攻占过巴彦县城，打下过康金火车站，进行过西征，横扫过北大荒。1933年4月，赵尚志来到宾县孙朝阳的反日义勇军参加抗日活动。初为马夫，后在攻打宾县的战斗中，孙朝阳采用赵尚志的军事谋略攻下了县城，他因此被任命为该部队的参谋长。

1933年10月10日，赵尚志又投身中共珠河县委领导下的反日游击队，担任县中心大队队长，一度受到不公正待遇。

1934年5月，赵尚志率领的反日游击队接连攻克了五常和巴彦两座县城。这支由中国共产党直接领导的抗日武装在他的率领下，给了侵华日军以沉重打击，日寇因此对他恨之入骨，并曾登报悬赏1万元通缉他。1934年6月，珠河反日游击队扩编为"东北反日游击队哈东支队"，赵尚志被任命为总司令，他与李兆麟一起，创立了珠河、汤原抗日游击根据地。1935年1月，赵尚志任东北人民革命军第三军军长。1936年任北满抗日联军总司令部总司令。同年8月，任东北抗日联军第三军军长，后任中共北满临时省委执委会主席、第二路军副总指挥。曾率部远征松嫩平原，大小战役数百次，挫败了日伪军的重兵"讨伐"。

1940年年初，中共北满省委听信内奸尚连生的造谣和诬告后，在赵尚志不在场、无法申辩的情况下，突然召开第十次常委会并做出把他开除出党的决议。让赵尚志痛心的是，与第一次被开除党籍不同，这次居然给他加上了"永远开除"四个字。在这份《关于永远开除赵尚志党籍的决定》中，指出把他永远开除出党的原因在于他犯有三大严重错误：一、赵尚志1936年在党的会议上反对中共中央路线，反对王（明）康（生）指示信；二、实行"左"倾关门主义路线；三、怀疑北满省委主要负责同志为党

内奸细，并密谋捕杀北满省委负责人。

　　赵尚志在苏联看到这一文件后，悲愤欲绝，当场提笔给北满省委写了一封言辞诚恳的《请求书》。他写道："党籍是每个共产党员的生命。因为我参加党的革命斗争已经十五年，党的一切工作，就是我一生的任务。请求党重新审查。同时，我认为党不能把我从党的部队中清洗出去，那将会使我像受到死刑宣判一样难过。我万分地向党请求审查，给我从组织上恢复党籍，恢复我的工作，我不能一天离开党，党也不要一天放弃对我的领导。因为我已离开北满工作，所以暂不能与诸同志会面。仅以多年的工作关系向党各组织、党内各同志、联军各干部及战士同志们，致以极热烈的希望和最高的革命敬礼。"当时的中共北满省委书记在收到赵尚志从苏联寄回的《请求书》后，不久即复信给赵尚志。信中说，只取消"永远"二字，改为"开除赵尚志党籍"。

1940年3月，赵尚志从苏联回到东北。这时他改任东北抗日联军第二路军的副总指挥。事隔一年，当赵尚志又赴苏联参加第二次中苏伯力会议时，他竟然被北满省委某些人以"有言论错误"为名，再一次撤销了他的副总指挥职务。对此赵尚志虽然痛苦，但他仍然坚持下来，没有提出任何申辩。

1941年秋天，赵尚志率领一部分抗联战士经黑龙江回到鹤立县（今鹤岗市）境内，准备在十分艰苦的环境中继续开展对敌斗争。在接连两次遭到省委的开除和撤职打击之后，赵尚志丝毫没有动摇抗击日本侵略者的信心。1942年2月12日凌晨，赵尚志被化装的特务刘德山诱骗，率抗联小分队袭击鹤立县梧桐河（今属汤原县）伪警察分所，途中刘德山突然向他开枪。赵尚志虽然腹部受伤倒地，仍立即回击将刘德山击毙。受伤被俘后，在审讯过程中，他宁死不屈。因伤势过重，被俘8小时后壮烈牺牲，年仅34岁。赵尚志牺牲后，日本关东军大肆鼓噪，曾将他的头颅由黑龙江空运至伪满洲国的首都新京（今长春），和在南满牺牲的另一抗日英雄杨靖宇的首级一起陈列。

1946年，为了纪念这位抗日英雄，珠河县农工代表大会决定将该县改名为尚志县（今为尚志市），哈尔滨市道里区的新城大街还在新中国成立后被改名为"尚志大街"。毛泽东曾说："有名的义勇军领袖杨靖宇、赵尚志、李红光等等，他们都是共产党员，他们的坚持抗日、艰苦奋斗的战绩是人所共知的。"然而，

遗憾的是，直到赵尚志牺牲的时候，他的党籍问题仍没有得到解决。

1982年，中共黑龙江省委根据中央组织部的指示，对赵尚志同志1940年遭受党内处分一事进行认真的复查。同年6月8日，黑龙江省委做出《关于恢复赵尚志同志党籍的决定》。该决定指出："撤销1940年1月中共北满省委《关于开除赵尚志党籍的决定》，恢复赵尚志党籍，推倒强加给赵尚志的一切不实之词，恢复名誉。"这一历史沉冤终于平反昭雪。

赵尚志的一生忠诚党的事业，是一位坚贞的共产党员，他在反对日本帝国主义侵略中国的民族解放斗争中，坚强不屈，英勇奋斗，为抗战胜利做出了重大贡献，直至献出了自己的宝贵生命。他的英雄业绩，永世长存。

白山黑水写春秋

——记东北抗日联军第一路军总司令兼政委杨靖宇

杨靖宇（1905—1940），原名马尚德，河南省确山县人。1923年，进开封纺织染料工业学校学习。1925年，加入共产主义青年团。1927年3月，领导确山农民起义。同年5月，加入中国共产党。1929年，奉中共中央之命赴东北，任中共抚顺特别支部书记。

　　1932年，改名杨靖宇，赴南满领导抗日武装斗争。1937年任东北抗日联军第一路军总司令兼政委，在南满一带开展抗日斗争。1940年2月，杨靖宇只身与敌人抗争五天五夜，最终壮烈殉国，年仅35岁。

　　杨靖宇，一个值得每一名中国人敬仰的名字。他所领导的东北抗日联军第一路军，在冰天雪地中与敌人周旋，威震东北，有效牵制了日本关东军，配合了全国的抗日战争。他是中华民族的骄傲，被评为"100位为新中国成立做出突出贡献的英雄模范人物"之一。

　　杨靖宇将军殉国后，日本关东军残忍地将他剖腹，因为他们也想知道究竟是什么力量，支撑着他在冰雪中抗争。剖腹的结果令人心碎，将军腹内仅有草根、棉絮和树皮。在场的日本关东军将领肃然起敬，集体向杨靖宇将军默哀。将军不屈不挠的民族精神，激励和鼓舞着一代又一代的中华儿女。那么，这样一位钢铁般的英雄又是怎样"炼"成的呢？让我们一同走进抗日名将杨靖宇的传奇人生，追寻英雄的光辉足迹……

　　杨靖宇5岁丧父，寄居在叔父家中，生活十分贫苦。1912年春，他开始在本村私塾读书，1918年以优异的成绩考入确山县立第一高等小学堂。他读书很用功，从来不和同学打闹，特别喜爱听英雄故事。每到晚上，老人唠起太平军的故事时，他便蹲在一旁不声不响地听，太平军艰苦征战、宁死不屈的高尚品质，深深地感染着少年杨靖宇。

　　1919年，伟大的"五四"运动激发了杨靖宇的爱国热情，年仅14岁就投身于火热的斗争中。他和大家一块参加罢工斗争，跟随进步教师到街头去宣传，和同学们一起张贴标语，发表演讲，到火车站查封日货，很快成为学生中的中心人物。1923年9月，杨靖宇考入河南省第一工业学校。他不但刻苦钻研专业课程，而且努力学习《新青年》《向导》等进步书刊，从中学到了先进的革命道理。不久，他加入了北京李大钊创办的马克思学说研究会。自此以后，他确立了对马克思主义的信仰，成为坚定的共产主义战士。

1927年春，杨靖宇被选为确山县农民协会会长。4月4日，在党的指挥下，他参与领导了震惊中外的"确山暴动"，组织了数万农民武装围攻确山县城，经过4天的激战，占领了县城，打垮了北洋军阀第八军的一个旅，活捉了县执事王少渠，建立了中国共产党领导的全国第一个县级人民政权——确山县临时治安委员会。杨靖宇被选为常务委员，担任主席（代行县长职权）。6月，杨靖宇光荣地加入了中国共产党。为响应党的"八七"会议"开展土地革命，进行武装斗争"的号召，1927年11月，他率领农民军组织了刘家店秋收起义，建立了鄂豫皖边区工农民主政府和农民革命军。为开展长期的游击战争，杨靖宇和战友们开始探索建立农村革命根据地的道路，后来这支部队成为信阳四望山红色革命根据地的核心力量。

1929年8月，杨靖宇被刘少奇看作"得力同志"，由于斗争的需要，让他到当时斗争十分严峻的抚顺煤矿发动和领导工人运动。杨靖宇毫无怨言地服从组织安排。上级领导告诉他下矿必须化名，征求他叫什么名字的时候，杨靖宇说为执行省委指示，一

以贯之。随后，化名张贯一。为开展好工人运动，杨靖宇选择在西露天矿当一名矿工。在他的多方工作下，矿工们日益觉醒，凝聚力越来越强，终于使抚顺的8个矿井工人团结在一起，以"反裁减、反加班、反打骂"的大罢工，拉开了矿工们为争取自己权益而斗争的运动，罢工持续了整整4天，终于取得了胜利。通过这次煤矿工人的罢工，工人们都说"张贯一有胆有识，为大众"。罢工胜利之后，杨靖宇在向中共满洲省委汇报时，总结了十分宝贵的经验：领导白区的工人运动，必须职业化，要走进工人之中，和工人同寝、同食、同作、同息，才能很好地了解工人的要求，领导工人斗争，组织教育工人，也只有这样，自己才能得到最好的掩护。杨靖宇作为中共抚顺特别支部书记，与抚顺矿工们结下的情缘，至今广为流传。

1932年11月，杨靖宇被派往南满，担任南满游击队政治委员。此时，日本帝国主义为了巩固在东北的殖民统治，一面加速强化地方行政管理，一面展开大规模军事行动，企图一举剿灭抗日武装。而义勇军的上层领导人，在蒋介石的"不抵抗"政策影响下，有的逃跑了，有的投敌了，只有杨靖宇领导的抗日队伍，在磐石、伊通、双阳等地开展了积极的抗日游击活动。在3个月的时间里，连续粉碎了日军的4次"大讨伐"，并主动出击，在不到5个月的时间内，进行大小战斗60余次，打死打伤日伪军130余人，缴获许多武器弹药。游击队在战斗中越战越强，由建队时的不足百人，扩大到250余人，声威遍及南满。

1935年3月，杨靖宇率领部队挥师向南，开辟了清原、新宾等游击区，并将俘获的军马编成一支骑兵队，驰骋于南满平原，重创日军守备队。当日军仓促凑集兵力赶来"讨伐"时，骑兵队又改成步兵队，绕到鸭绿江右岸的临江、集安一带活动，使日军顾此失彼，无可奈何。日本帝国主义一直把东北作为征服中国的战略基地。东北抗联的存在，似一把尖刀插入敌人的心脏，动摇了日伪反动统治，敌人称杨靖宇为"满洲治安之癌"。

1936年10月，日军集结了伪军大部分精锐部队，近20 000人

浩浩荡荡地向南满地区开进。此时，杨靖宇指挥的部队只有1 000余人。得知敌人的部署后，杨靖宇立刻把队伍分散成小股，进入深山密林里，伺机给敌人以重创。敌骑兵进山十分不方便，到处寻不到抗联主力，反倒是常遭到抗联小股部队的袭击。经过4个多月的苦斗，交战近600次，敌伪军伤亡比我军多了10倍。杨靖宇率领的部队还缴获了大批武器。反"讨伐"的胜利，使杨靖宇声名大震，令敌人闻风丧胆。

1939年，抗日斗争更加艰苦了，抗联队伍遭受了很大的损失。到1940年年初，杨靖宇身边仅剩15名战士。杨靖宇鼓励大家："革命就像一堆火，看起来很小，可燃烧起来能烧红了天，照亮黑夜。革命，不管遇多大困难总会胜利的！"1940年2月，杨靖宇牺牲前夕，他和战士们同吃着一碗用雪水熬煮的糊糊，十分沉静地对警卫员说："就是我们这些人都牺牲了，还会有人继承我们的事业，革命总是会成功的。"此后几天，他都没有吃到一粒粮食，饿了就以草根、棉絮充饥，战斗到生命的最后一刻。彭真同志曾说过："东北抗联的斗争，是中国革命的'三大艰苦'之一，它与红军二万五千里长征、赣南的三年游击战争一样，值得称颂。"

1940年2月，杨靖宇将军率领直属部队的少部分同志在联系大部队的途中被叛徒告密，陷入日寇的重重包围之中。他带领部队左冲右突，日夜抗战，始终没有甩开敌人。为了保护有生力量，杨靖宇将军决定只留下两名警卫员跟随自己，利用自己吸引敌人的注意，让在突围中受伤的战士转移。几天后，杨靖宇将军身边仅有的两名警卫员也在下山寻粮途中被敌人发现，相继遇害。2月23日下午，敌人在濛江县保安村三道崴子包围了杨靖宇。在日本侵略者留下的战场实录中有这样的记载："讨伐队已经向他（杨靖宇）逼近到100米、50米，完全包围了他。讨伐队劝他投降。可是，他连答应的神色都没有，依然不停地用手枪向讨伐队射击。交战20分钟，有一弹命中其左腕，啪嗒一声，他的手枪落在地上。但是，他继续用右手中的手枪应战。因此，讨伐队认为生擒困难，遂猛烈向他开火。"下午4点30分，杨靖宇被敌弹射中胸膛，壮烈殉国，年仅35岁。杨靖宇为国捐躯后，日本侵略者剖开了他的遗体，发现他的胃饿得变了形，里面除了尚未消化的草根和棉絮，连一粒粮食都没有！壮士喋血，为争民族之气，连残暴的侵略者也震惊和折服了。

杨靖宇同志是中国共产党的优秀党员，坚强的共产主义战士，伟大的抗日民族英雄。革命领袖和人民群众对他都有高度的评价。1938年2月，毛泽东指出："有名的义勇军领袖杨靖宇，坚决抗日艰苦奋斗的战绩，是人所共知的。"1949年5月，郭沫若为杨靖宇题诗："头颅可断腹可剖，烈气难消志不磨。碧血清蒿两千古，于今赤旗满山河。"在东北人民群众中还广为流传着《杨靖宇是英雄》的歌谣："洒热血，遍地红，杨靖宇是英雄。万古千秋留英名，永远活在人心中。"歌词表达了广大群众对杨靖宇同志的赞扬和怀念。

太行浩气传千古

——记"中国军事界不可多得的人才"左权

左权（1905—1942），湖南省醴陵市人。1924年，入黄埔军校第一期学习。1925年2月，加入中国共产党。同年12月，先后在莫斯科中山大学、伏龙芝军事学院学习。1930年，回国后到中央苏区工作，先后任新十二军军长、红十五军军长兼政治委员、红一军团参谋长等职。全国抗战爆发后，任八路军副参谋长。1940年8月，参与指挥百团大战。1942年5月，侵华日军发动大"扫荡"，25日，在十字岭战斗中壮烈殉国，时年37岁。

左权是中国共产党的优秀党员，是我军优秀的军事家和游击战术创始人。他文韬武略，赤胆忠心，把毕生的精力献给了党、献给了人民，为人民军队的发展与壮大，为中华民族的独立与解放，建立了卓著的历史功勋。同时，他也是中国共产党在抗日战场上阵亡的最高将领，周恩来称他是"有理论修养同时有实践经验的军事家"；朱德赞誉他"是中国军事界不可多得的人才"。他的一生是光辉而短暂的，我们怀着无比崇敬的心情，深切缅怀他，学习他的革命精神和崇高风范，寄托我们不尽的思念。

立志从戎　战绩斐然

左权自幼聪慧过人，8岁读私塾，10岁便能写诗作对，14岁转入北联高小学习，成绩名列前茅。袁世凯签订丧权辱国的"二十一条"时，他身背"毋忘五九国耻"标语，在村里谴责其卖国罪行。读中学时，他参加了社会科学研究社，受到"五四"运动影响，立志从戎。

1924年，左权考入广州陆军讲武学堂，同年参加平定广州商团叛乱的战斗。11月间，他所在的讲武学堂并入黄埔军校第一期。在陈赓的引荐下，加入中国共产党。他参与组织和领导青年军人联合会，创办进步刊物，在广东革命政府东征的几次战役中有突出表现，被称为"黄埔新星"。

1925年，左权作为优秀军人，去莫斯科深造。在留苏期间，他与刘伯承相识并共同探讨革命问题和军事理论，结下了深厚的友谊。1930年6月回国后，左权与刘伯承一起翻译苏军条令，随后被派往闽西革命根据地担任红军学校第一分校教育长。1931年12月，国民党第二十六路军在宁都起义后改编为红五军团，左权后来任该军团第十五军军长。1932年，调任红一军团参谋长，参加了历次反"围剿"斗争。1934年10月，左权作为红一军团参谋长参加长征，途中参与指挥了四渡赤水河和飞夺泸定桥等战斗。到达陕北后，他代理红一军团长，率领这支中央红军的主力，参加了直罗镇、东征、西征等战役。

全国抗战爆发后，左权担任八路军副参谋长，后兼八路军第二纵队司令员，协助朱德、叶剑英指挥八路军开赴华北抗日前线，开展敌后游击战争，粉碎日军多次残酷"扫荡"，威震敌后。其高超的指挥艺术，严密细致的参谋业务，扎实的工作作风，深受朱德、彭德怀的赞扬。1938年4月，他参与筹划、指挥八路军在晋东南地区粉碎日军的"九路围攻"，巩固、扩大了晋东南抗日根据地。

从1940年8月起，他协助彭德怀指挥八路军在华北敌后发动了震惊中外的百团大战。他将战役整个部署安排得井井有条，可谓是运筹帷幄之中，决胜千里之外。连北平（今北京）日军的报纸也说，"此次华军出动之情形，实有精密之组织"。左权不仅谋划整个战役的组织工作，而且还亲临第一线指挥作战，仅前三个半月就毙伤俘日伪军4万余人，沉重地打击了日军的"囚笼"政策。1941年11月，左权指挥八路军总部特务团进行黄崖洞保卫战，经8昼夜激战，以较小的

代价歼敌千余人，被中央军委称为"反扫荡的模范战斗"。

勤学善思　文韬武略

左权一生酷爱学习，持之以恒。他常说："书本是知识的海洋，学习是进步的阶梯。一个人不愿学习是可怕的。"他阅读了许多政治理论、军事理论的书籍，对八路军的军队建设、军事理论建设做出了突出的贡献。

左权对战术问题特别是游击战术的研究颇有创新，他虽吃过洋面包，却非常理解毛泽东"农村包围城市"的思想，写了大量符合中国革命实际的军事论著，被中央评价为"中国著名的游击战术创始人之一"。其军事著述的突出特点是理论联系实际，结合中国国情的特殊性阐述了以马克思主义理论为指导的具有中国革命战争特色的军事思想原理。毛泽东称左权是"我的湖南小老乡"，对这位爱将非常信任和重用。在八路军军队的建设中，他对司令部工作、后勤工作、部队训练、军队政治工作、军民关系等，都有独到的建树和巨大的成就。他吸取国外的经验，结合中国抗日战争的特点，提出了治军、建军的许多建议，并总结出当时作战的八字方针——"秘密、迅速、干脆、坚决"。每一次战役或战斗结束，他都要写出书面总结报告。邓小平称他："善于从经验中抽取与总结出原则的理论，发现规律，来指导新实践。"

左权善于思考、勤于笔耕，即使在戎马倥偬的战斗生涯中，他仍坚持学习与写作，经他起草、撰写或翻译的文电、论著及译著就达数十万字，并撰写和翻译了诸多颇具影响的军事著作。他

著有《论坚持华北抗战》《埋伏战术》《袭击战术》《论军事思想的原理》等军事论文。他与刘伯承合译的《苏联工农红军的步兵战斗条令》，于1942年被十八集团军总司令部列为步兵战术教育的基本教材，并要求"今后本军关于现代步兵战术的研究，均应以此为蓝本"，其中《论军事思想的原理》一文深刻阐述了党领导的人民军队的军事思想产生的条件、规律、现状及特点。他所阐述的军事思想，也构成了毛泽东军事思想的一个组成部分。周恩来说左权是"一个有理论修养，同时有实践经验的军事家"。

左权虽然长期担任军队的高级领导职务，却从来不搞特殊化，对战友、对人民群众处处给以可能的关照。一次，有位战士的爱人来部队，没有地方住。左权知道后，就让他们夫妇在自己的房间休息。到了晚上，他就睡在这位战士原来睡的草铺上。总部管理科一副科长得了肺结核病，左权特别交代卫生部门要好好给他治疗，并经常带着自己舍不得吃的补品去看望他、安慰他。左权还经常把分给他的缴获的营养品送给伤病员或值夜班的同志。对战友，他关怀备至；对人民群众，他更是充满了真挚感情。左权曾说：人民是水，我们是鱼，水多了，鱼也活跃了；离水的鱼儿难得活。正是出于这种对军民关系的深刻认识，左权时刻关心人民的疾苦，注意维护群众的利益。1941年敌后抗战进入严重困难阶段，他和彭德怀带领部队在清漳河畔展开了大规模的生产自救运动，并且开辟肥田400余亩，被当地群众传为美谈。

左权在大是大非面前，旗帜鲜明，敢于同各种错误倾向做斗争；工作中有了失误，也从不推诿回避，勇于承担责任。为了党和人民的事业，他更是忍辱负重，一切以大局为重。在中央苏区工作时，因受王明错误路线的影响，左权被说成有"托派"嫌疑，遭留党察看处分，被撤销红十五军军长兼政治委员的职务，改任红军学校的军事教员。尽管如此，他"没有苟安"，"也没有消极"，并尽职尽责地做好党交给的每一项任务。左权虽然长期忍受着精神上的痛苦，但他受得住委屈，经得起考验，从未动摇过对党、对革命事业的坚定信念，始终如一地为党、为人民的事业而奋斗，直至血洒太行。直到1982年，中共中央才对左权予以平反、取消留党察看的处分。

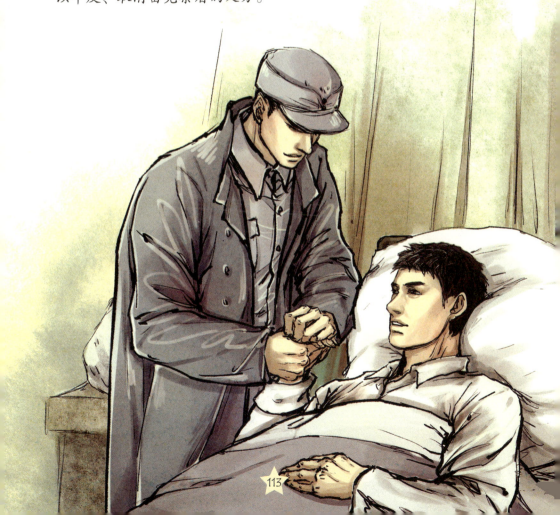

　　日寇在屡遭我军打击后，不甘失败，于1942年5月，在晋东南周围又调集了3万多兵力，发动了空前残酷的铁壁合围大"扫荡"，并向八路军总部所在地辽县麻田进犯。在十字岭突围时，左权强行让彭德怀率总部转移，并掩护他突围。时间定格在1942年5月25日下午5点，当左权率领最后一批掩护部队突围时，敌机对我部进行了疯狂轰炸。左权不顾个人安危，坚持指挥战斗，他站在高坡疾呼："快趴下，我过去没事了，你们再走！"突然，一发炮弹落在左权身边，将军的头部、胸部多处被弹片击中。就这样，一位才华横溢、叱咤风云的抗日名将英勇牺牲了，时年37岁。

　　左权是八路军在抗日战场上牺牲的最高指挥员。太行为之低咽，全党为之悲痛。彭德怀仰天长啸："断我臂膀，苍天不公。"毛泽东在延安公祭时挥笔题词："为左权同志报仇，为千千万万在抗日战场上牺牲的烈士报仇。"周恩来在电报中说："全国军界人士莫不一致认为他的死，对抗日战争是不可弥补的损失。"朱德同志写了《追悼左权同志》的悼文，并赋诗悼念："名将以身殉国家，愿将热血卫吾华。太行浩气传千古，留得清漳吐血花。"毛泽东发电："左权阵亡，殊深哀悼。"1950年10月21日，中央人民政府政务院为左权将军移灵安葬，这是新中国历史上的第一个国葬。

文武兼备一英才

——记新四军第四师师长兼政委彭雪枫

彭雪枫（1907—1944），河南省镇平县人。1926年，加入中国共产党。1930年年初，到上海中革军委工作。5月，被派到苏区，历任红军大队、纵队、师政治委员，红军大学政治委员和中革军委第一局局长等职。全国抗战爆发后，任八路军总部参谋处处长兼驻晋办事处主任。1938年春，调赴河南确山，任

中共河南省委军事部部长。1941年1月，任新四军第四师师长兼政委。9月11日，在河南夏邑八里庄指挥作战时牺牲，时年37岁。

彭雪枫是中国工农红军、八路军、新四军的著名将领。自从1925年参加革命后，他"对党忠贞，为民赴汤"，被毛泽东主席、朱德总司令誉为"共产党人好榜样"，被陈毅称赞为我党"俊才"、中原"栋梁"、"一个典型革命人物"。

彭雪枫出生于河南省镇平县一个贫苦农民家里。家庭的贫困和当时中国"散兵土匪交会之所，贪污土劣竞胜之场"的悲惨境地，造就了他强烈的爱国思想，磨炼了他不畏强暴、勇于反抗的优秀品质。

1930年7月，彭雪枫以中国工农红军三军团第八军第一纵队副政委的身份，率部参加了长沙战役。当时他还只是一个入伍才3个月的23岁青年。首战告捷后，部队撤至平江长寿街整编，彭雪枫任红三军团第八军第六师政委。8月23日，彭雪枫率部随红三军团同毛泽东、朱德率领的红一军团在永和县会师，成立中国工农红军第一方面军。毛泽东任总政委，朱德任总司令。从此，彭雪枫一直在毛泽东的指挥下，南征北战，并成长为一名优秀的政治家、军事家。

是年8月上旬，红三军团红八军政委邓乾元企图分裂红军。为了维护刚刚组建的红一方面军的统一，彭雪枫经过认真思考，在五、八两军面临分裂的关键时刻，向毛泽东、朱德、彭德怀呈递报告，如实反映了邓乾元鼓动分裂的全部活动。红一方面军前委认为彭雪枫的报告至关重要，立即召开前委扩大会议，命令执意坚持错误的邓乾元"脱离红军，交给特委训练"。从而避免了两军的无原则纠纷，为日后红一方面军在毛泽东、朱德领导下开展土地革命战争奠定了坚实基础。

蒋介石纠集10万兵力进攻中央根据地，"剿匪"前线司令长官张辉瓒，率领9 000余人围剿红一方面军。毛泽东巧妙用兵，诱敌深入，指挥红十二师等部将敌军包围于龙冈山区。彭雪枫奉彭德怀之令，率部火速赶赴指定地区，包围上固和下固，阻敌突围。此战全歼敌军，活捉张辉瓒，取得了第一次反"围剿"的胜利。为此，红三军团司令部通报表彰红六师为"铁军"，彭雪枫被誉为红军的"优秀青年将领"。

中央红军第五次反"围剿"失败后，被迫开始长征。彭雪枫部一路上无论是突围作战，还是抢险解难，都无不出色地完成了上级交给的任务。在毛泽东写给他的书信中有这样一些段落：

——娄山关战役，你以身为先，率领部队奇袭点金山，迅速居高临下，支援主力部队打下了娄山关，为再克遵义，你立下了首功！

——你写的《娄山关前后》一文，写得好，很生动，已收录在《二万五千里》一书中。你有写作天赋，今后可以多写一些。

——我们红军刚到吴起镇，马鸿奎、马鸿宾的骑兵师尾追红军而来，是你彭雪枫的二纵队打败了马家的骑兵师。那一仗打得好啊！

——直罗镇战役，也是你彭雪枫的红四师担任主攻吧！在兄

弟部队配合下，歼敌两个师6 300余人，活捉一〇九师师长牛元锋。这一仗为中共中央把革命大本营设在西北，举行了一个奠基礼。这一仗，你还得写好！

1931年"九一八"事变后，彭雪枫曾3次受毛泽东派遣，奔赴兰州、太原及中原大地，建立抗日民族统一战线，被中共中央誉为党和红军的"好参谋""先行官"。

1935年12月底，东北军将领张学良、西北军将领杨虎城与共产党达成联合抗日的协议。次年7月，张、杨希望中共派人前往西安，帮助他们改造部队、准备抗日及开展推动西北地区联合抗日的工作。中共中央在确定人选时，毛泽东推荐了彭雪枫，经张闻天、博古、周恩来等一致同意，年仅29岁的彭雪枫化名彭雨峰，被派往国民党统治区开展统战工作。

1936年9月24日，彭雪枫肩负党中央、毛泽东的重托，随同叶剑英、汪锋等人，乔装打扮，密赴西安。在与张学良协商联合抗日成功后，又携毛泽东亲笔信赶往兰州，以中共中央代表身份会晤国民党甘肃省政府主席于学忠。经过会谈，达成了联合抗日的协议。

兰州之行结束，彭雪枫于1936年10月返回西安。此时形势风云突变。蒋介石抽调260个团云集陕、甘，妄图一举消灭陕北红军，并亲临西安督促张学良、杨虎城带兵进攻陕北。

10月22日，面对严峻形势，毛泽东写信给彭雪枫，明确指示："急需将与绥晋关系弄好，得信后即赴津迅速转至绥远办理

此事。"彭雪枫接信后，立即着手准备。11月上旬，毛泽东将彭雪枫和叶剑英一起召回保安。回到保安后，毛泽东向他了解了西安目前的情势，并与他进行了长谈，说："我有一信写给绥远傅

作义将军，要他介绍你到太原见阎锡山。要记住：'对人诚恳是不会失败的！'"毛泽东原来打算让叶剑英带彭雪枫一起到太原，由于叶剑英还需继续西安的工作，决定改由彭雪枫一人单独前往。由此可见，毛泽东对彭雪枫此次单独外出不仅特别关心，而且尤为信赖。

毛泽东的亲切关怀，使彭雪枫备受鼓舞。在与毛泽东告别后，他便带着毛泽东致傅作义的信，秘密地出发了。在绥远，彭雪枫见到了傅作义，并由傅介绍，前往太原。11月下旬，彭雪枫在太原会见阎锡山，开诚布公地向阎转达了毛泽东的抗日主张，明确声明：红军虽志切抗战，但未得友军谅解，尤其未得抗战地区之友军及地方行政长官之谅解以前，决不贸然向抗战阵地开进一步。阎锡山听后十分高兴，表示愿为联合抗战尽力。

"西安事变"发生后，阎锡山立即会晤彭雪枫，探询共产党对处理此事变的态度。彭雪枫如实告诉他我党坚决主张用和平方式解决"西安事变"的态度，并提出了三项要求：一、阎锡山以政治影响，联络各方，共同制止国民党亲日派借讨伐张、杨之名，行扩大内战之实的阴谋。二、允许红军主力集结于咸阳、三原、西安一带，防卫潼关。三、允许中共在黄河东岸一带设几个贸易货栈，从事商业经营，以供军需。并允许在太原设电台，加强双方最高决策人的联系。阎锡山完全同意，并向红军调拨100万发子弹、200支手提机枪和5辆军用汽车。

1937年8月，阎锡山根据彭雪枫的要求，就八路军东渡黄河、入晋抗日的各项具体事宜达成了协议，为八路军进驻华北铺平了道路。

1938年6月，彭雪枫受党中央之命，于年初由山西临汾到河南确山县的竹沟镇，从各方面积极地展开抗日武装和挺进豫东敌后的准备工作。

彭雪枫到达竹沟后，在当时驻武汉的周恩来副主席和河南省委的直接领导下，参加筹划中原敌后的抗日工作。他在几个月的时间里，就把军事工作和统战工作轰轰烈烈地开展起来了。

遵照中央指示，彭雪枫将竹沟八团留守处重新进行编组。9月30日，新四军游击支队在他的率领下，踏上了向敌后进军的征途。进抵窦楼时，驻淮阳东北戴集的日军骑兵突然发动进攻。彭雪枫镇定自若地指挥部队分三路向敌人迂回包围，敌见势不妙，狼狈逃窜，指挥官林津少尉被击毙。

11月24日，游击支队一夜行军百余里，突然进入杞县，到达板木集，出敌意料地接连突袭杞县邢口、姜楼、大魏店、祁楼等据点，消灭敌人一部，缴获长短枪数百支。同时，又挥师袭击了盘踞在睢县西陵寺的伪军马培善部，并在睢县西北于厢铺地区全歼第一区伪军300余人。

1941年1月20日，中央军委宣布新四军领导干部的任命，八路军第四纵队改编为新四军第四师，彭雪枫任师长兼政委。从1938年10月到1941年4月，在两年半时间里，彭雪枫同其他领导一起，经过艰苦努力和无数次的战斗，在豫东皖北的敌人后方，收复了失地，创建了豫皖苏边区抗日民主根据地。

1944年春，日本侵略军大举进攻河南。夏邑和永城之间的八里庄，为土顽第二十八支队李光明部所驻守。我军西进以来，他为了阻止我军前进，重新修筑了围寨和碉堡，加固了防御设施。

为了消灭该敌，拔除这颗毒瘤，打好这关键性一仗，彭雪枫在战前作了周密部署，并亲自作了动员。9月10日夜，主攻部队第二十五团将八里庄包围，在炮火和机枪火力掩护下，迅速突入圩寨，将大圩子全部占领，残敌窜入小圩顽抗。拂晓时守敌突围，被我预伏之骑兵团全部消灭在八里庄和小楼子之间的开阔地带内，司令李光明被俘虏。此时，彭师长站在围寨上观察与指挥战斗，突然被流弹击中，壮烈牺牲，年仅37岁。

1945年2月，延安举行彭雪枫追悼大会，毛泽东、朱德、刘少奇、彭德怀等参加了追悼会并送挽联：二十年艰难事业，即将彻底完成，忍看功绩辉煌，英名永在，一世忠贞，是共产党人好榜样；千万里破碎河山，正待从头收拾，孰料血花飞溅，为国牺牲，满腔悲愤，为中华民族悼英雄。

第三章

碧血丹心浩气存

顶天立地贯长虹

——记舍身炸碉堡的董存瑞

董存瑞（1929—1948），河北省怀来县人。中国人民解放军东北野战军第十一纵队三十二师九十六团二营六连六班班长。1945年参加八路军，1947年加入中国共产党，先后荣立大功3次、小功4次，获3枚"勇敢奖章"、1枚"毛泽东奖章"，是赫赫有名的战斗英雄。

儿时的董存瑞生性顽皮、机灵、胆儿大。村头有棵大柳树，树下有水坑。有个小伙伴调皮地问他："你敢爬上去再跳下来吗？"董存瑞抬头看了看，一句话没说，往手心里啐两口唾沫，"蹭蹭蹭"地爬了上去。小伙伴们看到他真的要跳，吓得直叫：

"别跳了！算你赢了还不行吗？""不行不行，不能来假的！"说着，他从几丈高的大树上跳进水坑里。他这股倔犟劲儿，小伙伴又怕又服。因此，他成了南山堡的孩子王。

1937年"七七事变"后，日本侵略军于8月末占领了沙城（今怀来县城，距南山堡村9千米）。南山堡的地主刘有祥（外号"刘大肚子"）当了汉奸，组织了维持会。日伪军三天两头到村里抓丁派夫，要钱要粮，老百姓更是苦不堪言。这一切都在董存瑞幼小的心灵里埋下了仇恨的种子。

1940年冬，八路军在平北地区建立了抗日民主政权——龙（关）、延（庆）、怀（来）联合县政府，即龙延怀联合县第三区，南山堡划归其中。有一次，八路军的一支队伍来到南山堡，庆祝战斗胜利，宣传抗日道理。战士们扭起大秧歌，村里的孩子们躲在大人身后，好奇地看着，可董存瑞却跟在秧歌队后面学着战士们的样子尽情地扭。他一会儿摸摸这个战士的枪，一会儿和那个战士逗两句。从战士嘴里，他知道了八路军是打击日本侵略者和汉奸的，是解放穷人的队伍。

1942年春，三区在南山堡办了一所小学校。董存瑞高兴极了，每天和伙伴们去上学。一位姓杨的老师教他们识字、唱歌，有时还给他们讲故事。可是，地主刘有祥说杨老师"私通八路"，指使人抓走了杨老师，他和小伙伴们都恨死了这个汉奸地主。

不久，南山堡成了抗日游击区，13岁的董存瑞凭借自己的机灵聪明当上了儿童团团长，被称为"南山堡的王二小"。

1942年夏，中共龙延怀联合县第三区区委书记兼武委会主任王平来到董存瑞的家乡。一天下午，日本兵突然到南山堡"扫荡"，王平组织民兵，掩护群众转移，自己却被敌人包围了。13岁的董存瑞发现后，机智地把王平拉到自己家里，关上大门，让他藏在墙角下的一堆破席卷儿里。不一会儿，四五个日本兵就端着刺刀闯了进来，一位日军军官比画着问："八路在哪里？"董存瑞假装没听懂，答道："手枪？没有哇！"敌军官气冲冲地说："八路八路的！"董存瑞坚定地回答："没有，没有。"敌军官拿出糖果哄骗他，他也不说。敌军官见软的不行，又拔出东洋刀威吓，董存瑞始终从容不迫地说"没有""不知道"。日本兵把屋里搜了个遍，没搜出八路。最后，敌兵军官瞄准了那堆草席，董存瑞赶忙机灵地随手抓起一把草席，丢在敌人面前，说"这是囤粮食的破席卷，还能藏人？"敌人见席卷又臭又乱，料定没有八路，心有不甘地走了。

1944年的秋天，15岁的董存瑞在父母的包办下，与邻村大他3岁的姑娘卢长岭结了婚。当时，日本侵略者还霸占着中国，董存瑞并没有沉浸在新婚的喜悦里。为了赶走日寇，他积极参加了村里的民兵基干队。

1945年，抗战胜利前夕，16岁的董存瑞和妻子商量，想去参加八路军，卢长岭含着泪点了头。8月初的一个深夜，他瞒着父母，去杨家山参加了区小队。与妻子分别时，董存瑞对已哭成泪人的妻子说："你等着我，打下了太平的日子，我就回来！"

抗日战争胜利后，董存瑞所在的三区区小队被编入龙延怀县大队，又被编入冀热察军区第九旅，董存瑞成为一名正式的八路军战士，开赴前线，与国民党军队进行斗争。9月，部队打下龙关后，董存瑞和排长郭元方到董存瑞的家乡南山堡执行任务，郭排长让他顺便回家看看。

董存瑞虽然不知道解放战争什么时候结束，但深知战争的无情和残酷，自己将来是生是死很难预料。他极力掩饰着内心复杂的情绪，笑着对妻子说："长岭，我就要上战场了，生死难测，万一我回不来了，你一定要改嫁，你的日子还长着呢。"长岭听到丈夫的这番话后，忍不住失声痛哭起来。

1947年3月，在平北整训期间，董存瑞光荣地加入了中国共产党。1948年，他所在的东北野战军第十一纵队三十二师负责攻打由敌人的一个加强营防守的隆化中学，该师第九十六团担

任主攻。5月24日，身为爆破组组长的董存瑞毛遂自荐，担任爆破任务。临出发前，他说："我就是死后化成泥土，也要填到隆化中学的战壕里去，让大家踩着我把隆化拿下来！"他带领郅顺义等几个战友接连炸毁了敌人3个炮楼5个地堡。就在他们打开隆化中学东北角的外围工事，要进一步布置火药时，敌人隐藏在桥形暗堡里的机枪突然开火，董存瑞的爆破组遭受重创，突击受阻。由于敌人火力强大，派去爆破这个暗堡的战友一个个在中途倒下。

董存瑞和战友郅顺义找到郭成华指导员和代理连长白富贵请战。连长不同意，郭指导员也说："你们已经很好地完成了爆破碉堡和炮楼的任务。"董存瑞急了："隆化没解放，我的爆破任务就没完成！"董存瑞的决心改变了指导员和连长的想法，郭指导员握着董存瑞的手说："好！再把这个爆破任务交给你，你一定要炸掉它，为部队扫清前进的障碍！"董存瑞扭过头，对郅顺义说："老郅，如果我完不成任务，你要替我炸掉它！"郅顺义说："你放心，我就是死也要完成任务！"随后，董存瑞夹起炸药包就冲了出去。子弹如雨点般地向他扫射过来，他毫不惧怕，冲向碉堡。就在董存瑞距桥形碉堡十几米的地方，他突然停顿了一下。原来，他的左腿负伤了，鲜血染红了军裤。他顾不上察看，拖着伤腿，径直跑到了桥形碉堡下。

可是，碉堡下没有支架，炸药包没地方安放，董存瑞心急如焚！郅顺义离他只有四五十米远，清清楚楚地看到他急得瞅瞅这、看看那。这时，只见董存瑞愣了一下神。郅顺义马上明白了，他知道那是一名共产党员在生死攸关时刻准备献身的表

情。只见董存瑞猛地托起炸药包，紧紧地顶在了桥形碉堡的底部，拉下了导火索。接着，"轰隆"一声巨响，桥形碉堡被炸毁了，敌人的机枪哑巴了，可是董存瑞却壮烈地与敌人同归于尽了……他用自己年轻的生命为部队的胜利开辟了道路，牺牲时未满19岁。

董存瑞的故事感染了千千万万人。朱德为董存瑞烈士纪念碑题词"舍身为国，永垂不朽"；聂荣臻题词"舍己为国，人之楷模"，纪念这位顶天立地的勇士。

林海雪原铸英魂

——记虎穴擒敌的杨子荣

因有小说、电影、电视剧《林海雪原》，特别是现代京剧《智取威虎山》与广大读者、观众见面，杨子荣英雄形象闻名全国。

其实，小说和影视作品中的主角——侦察英雄杨子荣，是根据解放战争时期东北民主联军牡丹江军区第二团战士杨子荣在深山老林剿匪的真人真事塑造的英雄形象。

杨子荣，原名杨宗贵，1917年1月28日出生于山东省牟平县（今烟台市牟平区）。父亲杨世恩是泥瓦匠，母亲宋学芝是农家妇女。4岁那年，家里饥寒交迫，无法度日。这年秋天，全家决定闯关东另谋生路，全家定居辽宁安东（今丹东）郊外的大沙河村。然而安东的生活也不如意，杨世恩夫妇每天从早到晚拼命地干活，也难以维持全家人的温饱。无奈之下，夫妇俩决定各领几个孩子分开活命。杨世恩与大女儿留在安东，宋学芝带着几个孩子回山东。

1929年，杨子荣在母亲的安排下，独自去安东投靠父亲。一开始，父亲让他上学。两年后，家中日子过得实在艰难，杨子荣到姐姐做工的缫丝厂当童工，挣钱补贴家用。3年学徒期刚满时，因工厂效益不好，杨子荣失业了。后来，他在岫岩一带干了不到3个月的缫丝工人。不久，他又回到安东。

在安东，杨子荣采过石头，伐过树木，有时也被人找去挖石洞。到了1935年，他到鸭绿江上当船工，在码头上扛大包、放木

排，在江岸上拉纤，从事着繁重的劳动。也正是在这个时期，杨子荣熟悉了安东的山川地貌、风土人情，也接触到三教九流、行帮黑道各色各样的人，熟悉了他们的种种规则，甚至对土匪、地痞的暗语、黑话都了如指掌。这段经历，为他后来参军当上侦察员起了重要作用。

1940年，杨子荣离开安东到鞍山千山当矿工。1943年春，他回到了山东牟平。回到家乡后，他参加了民兵组织，配合八路军打击日本侵略者。

1945年8月15日，日本投降。9月18日，杨子荣向本村农救会会长孙承祺报名参军。10月，杨子荣被编入胶东军区海军支队。

10月末，部队在莱西县（今莱西市）水沟头村整训后，奉命向东北挺进。后来，海军支队更名为东北人民自治军辽南三纵队二支队。

1946年1月，杨子荣加入了中国共产党。1月15日，二支队从五常县（今五常市）出发，去海林县（今海林市）剿匪。二支队广大干部战士不畏艰难困苦，经过一面坡、苇河、亚布力、横道河子等地，于2月2日到达牡丹江以西的海林县。

牡丹江军区司令员李荆璞等领导专程前来欢迎和慰问部队，并讲清当前敌情，明确了剿匪任务。

3月22日，攻打杏树底村残匪的战斗打响，杨子荣带着尖刀班冲在最前面。为了尽早结束战斗，减少部队伤亡，指挥部命令炮火支援。几炮打过去，敌方阵地和村寨里立刻浓烟滚滚，也隐约听到妇女、小孩的哭喊声。如果再打下去，虽然能把土匪消灭，但老百姓也将遭到更大的损失。

在炮击的间隙，杨子荣来不及向上级说明情况，对战友们说："我进村劝土匪投降。"战士们一听急了，连忙说："班长，不行，太危险了！"杨子荣说："为了救老百姓的命，再危险我也认了，就是死了，也值。"说着，他跃出掩体，手挥白毛巾，喊着："不要打枪。"土匪打开西门放杨子荣进了村。杨子荣进村后，先叫"同志"，再劝他们赶快投降，并大声说："外面全是民主联军，都给围上了。"

杨子荣向土匪们宣传共产党的政策，宣传剿匪部队的强大，部分土匪开始动摇。敌人分成两拨，外地土匪许大虎、王洪宾色厉内荏，叫嚣着"谁投降就枪毙谁"。家住本村的土匪头子郭福

春、康祥斌顾及同村人的死活，有了投降的意思。双方发生争执，最终郭、康占了上风，杨子荣趁势又作了一番宣传，土匪们纷纷把枪扔了出来，围墙上挂起了白旗。

杨子荣用勇气和智慧，化解了一场战斗，劝降400多个土匪。战斗结束后，荣立特等功，并被评为战斗英雄。

1947年年初，剿匪近一年，大股土匪已基本被消灭，只剩少数残余土匪还躲在深山老林，且更加隐蔽、狡猾，"座山雕"就是其中的一个顽匪、惯匪。"座山雕"本名张乐山，1880年生于山东昌潍。他15岁进山为匪，18岁就当上了匪首。清末以及奉系军阀和伪满时期，都对"座山雕"进行过围剿，但最后都让他溜掉了。1945年抗战胜利后，他被国民党委任为"国民党中央先遣军第二纵队第二支队司令"。经过东北民主联军多次围剿，"座山雕"手下只剩下20多个人。

按照以往经验，对这种小股土匪，用大部队围剿是行不通的。团里决定，由杨子荣带领5名侦察员，组成一支剿匪小分队，扮成土匪模样，进山搜寻"座山雕"的匪窝，并伺机剿灭，同时派出大部队跟踪配合。

1947年1月26日，杨子荣一行6人接到命令后，立即向海林北部的密林深处开拔。

他们在深山老林里一连转了好几天，才在一个叫蛤蟆塘的地方找到一座工棚。工棚里住了十几个人，样子像是伐木工人。杨子荣先用土匪手势和黑话试探，意思是自己遭了难，走投无路，想请人帮忙牵线，投奔山头。开始没人搭理，后来一个自称姓孟的工头搭腔。消除疑虑后，对方亮明自己身份，其中一个自称是"座山雕"的副官，一个自称是连长，他们同意带杨子荣等人进山。

几天后，孟工头和一个土匪来到杨子荣他们住的工棚。杨子荣让两名战士把土匪给绑了，并假意解释说："现在不知道是否是自己人，只好先委屈一下，到了山上再说。"两个土匪觉得到山上自会见分晓，也没太在意，就领着杨子荣他们直奔威虎山。

"座山雕"很狡猾，一路上设了三道哨卡。杨子荣他们每过一道哨卡，都让两个土匪上前搭话。他们把哨卡上的土匪也一块儿给绑了，一同押上山。过了三道卡不远，就到了"座山雕"的老巢。这是一个被当地人称作"马架棚子"的木棚。

　　杨子荣命令两名战士看好土匪后，带领其他战士冲进棚子，占据有利位置，枪口对准土匪。棚子里共有7个土匪，其中一个白头发、黑脸膛、长着鹰钩鼻子、留着山羊胡的瘦老头，正是惯匪"座山雕"。至此，杨子荣与战友们一举将作恶多年的"座山雕"及其属下土匪全部活捉。第二团团部给杨子荣记

了大功。

　　1947年2月20日，杨子荣又受领了新任务。这次是清剿土匪刘俊章、丁焕章和郑三炮。23日，杨子荣和几个侦察员向土匪所在的屋内猛扑过去。慌乱中的土匪开始操枪，杨子荣立即扣动扳机，可能是天气太冷枪栓受冻，枪没有打响。这时，从屋内射出一颗子弹正好打中了杨子荣的胸膛，他晃了几晃，便倒了下去。杨子荣倒下后，战友们爬上屋顶，揭开房盖，向屋内扔手榴弹，终于把这股顽匪消灭干净。

　　2月25日，二团的干部战士为杨子荣举行了隆重的公祭安葬仪式。3月17日，追悼杨子荣大会在海林朝鲜族小学广场举行。东北民主联军总部授予杨子荣"特级侦察英雄"光荣称号，他生前所在排被命名为"杨子荣排"。

"当代军中花木兰"

——记"特等女战斗英雄"郭俊卿

女扮男装整五年，军中无人识红颜；纵横沙场展奇志，功成身退无所怨。

人生短暂，伟业长存。20世纪50年代就曾名扬四海的"特

等女战斗英雄"郭俊卿，早已离开我们了。这个女扮男装走进革命队伍的"当代军中花木兰"，是著名小说和电影《战火中的青春》的主人公"高山"的生活原型，虽然仅仅走过了53年的生命历程，但她那无私无畏、感人至深的经历，今天仍然是激励人们在新的征途中奋勇前进的生动教材。

1931年，郭俊卿出生在辽宁省凌源县（今辽宁省凌源市）一个贫苦农民家庭，童年生活历尽艰辛磨难。在她7岁那年，山洪吞没了家里仅有的两间草房和3亩河滩地，全家只好逃到内蒙古巴林草原东部一个叫草帽山的地方，靠给地主当佃户度日。1944年冬，地主逼她父亲上山打柴，结果从山上摔了下来。地主看她父亲再无力做事，当天便把他们全家撵出了门。她父亲因此又恨又急，3天后便气绝身亡。14岁的郭俊卿从此担起了养家糊口的重担。为了养活母亲和弟弟，她剃光了头，扮成男孩外出打工，到处流浪，吃尽了苦头。

抗日战争胜利的那一年，15岁的郭俊卿随着欢庆的人群走上街头，当她看到一队队开过来的苏联红军中有好些女兵时，突然萌生了这样一种强烈的愿望："咱也要当兵，拿起枪为爹爹报仇！"

她改名郭富，又虚报了两岁年龄，女扮男装当了兵，被编入县支队当通信员。从此，她成为一名光荣的革命战士，生命历程中掀开了崭新的一页。在党组织的教育下，她懂得革命战士肩负的责任，明白了扛枪打仗究竟为什么。正是由此而产生的坚强信念和巨大精神力量，使她能够克服一般女孩子不可想

象的困难，像男同志一样，甚至比男同志更出色地完成战斗任务。

1946年冬天的一个夜晚，西北风夹着大雪，领导让她和另外一个同志到30千米外的白音木图传送命令，时间和任务都十分紧迫。郭俊卿受领任务后，立即飞身上马，借着雪光奔向目的地，及时送达了命令。回来的路上，郭俊卿的马死了，她背着马鞍徒步回到了驻地。为此，领导给她记了一次功。1946年6月，16岁的郭俊卿光荣地加入了中国共产党。

翌年，郭俊卿被调到某团步兵三连四班当班长。这时，国民党军队向驻冀热辽地区的我东北解放军发起大规模的攻势。平泉战斗中，郭俊卿带领突击队冒着炮火冲锋陷阵。在副班长牺牲的情况下，她强忍悲痛，带领全班与敌人展开殊死搏斗。评功会上，郭俊卿又荣立了战功，她所指挥的四班被授予"战斗模范班"的称号。

辽沈战役开始时，郭俊卿所在部队担负着牵制锦西敌人的任务。刚刚提升为机炮连副指导员的郭俊卿带着队伍，牵马驮炮，火速赶到阻击地域。面对六七倍于己的敌人，郭俊卿和战士们斗志昂扬。敌人的飞机大炮反复轰炸，一批又一批地扑过来，每次她都身先士卒，带领战士冲入敌阵与其决斗，惊心动魄的恶战整整持续了三天三夜。战斗胜利后，东北野战军给参加阻击战的全体指战员发来了嘉奖电，这里面，也有郭俊卿这个女扮男装的英雄战士的一份功劳。

艰难困苦的战斗环境和人民军队里情同手足的战友关系，锻炼和考验了郭俊卿勇敢顽强的战斗意志，也培养了她互助友爱和患难与共的崇高品德。每逢部队行军中，她都帮助战友扛枪、背背包、抬担架、挑油桶和行军锅。她有一副好嗓子，会唱好多歌，无论行军和休息，她常以动人的歌喉鼓舞士气，活跃大家的情绪。南下途中，她虽然已经是连级干部了，但仍然和战士一样徒步行军，常常抢着背战士的背包。她看到广播员太累了，就接过喇叭，喊口号鼓舞士气。每到宿营地，她不顾自己满脚板的血泡，抢先给战友烧水烫脚，用马尾给战士们穿泡。深夜，她还悄悄起来给大家盖被子。所有这些，都被战士传为佳话。

郭俊卿当班长时，班里有一个大家都认为"难伺候"的兵。白天老是愁眉苦脸，唉声叹气，晚上尿炕，被子又臭又脏。郭俊卿却不嫌弃他，一面帮他洗晒被褥，一面找老乡寻药方帮他治病，还经常和他谈心，告诉他不要紧张，病慢慢会治好的。这个战士被感动了，说了实话，原来他是害怕部队的艰苦生活，加上想家，所以故意尿炕。郭俊卿了解了这一情况后，就耐心地给他讲革命道理，一起回忆苦难的家史，终于使这个战士提高了觉悟，安心部队工作。后来，他作战勇敢，在解放锦州的战斗中英勇牺牲。

1950年5月，郭俊卿病倒了，战友们热情地为她请来了医生，但令大家惊奇的是郭俊卿不让医生看病。在无可奈何的情况下被送到医院检查治疗，这时才暴露了她的真实性别。事情传到了军里，军领导当即表示"郭俊卿是女中豪杰，当代花木兰，是我们军队的骄傲"。

新中国诞生之后，千千万万人知道了"当代军中花木兰"郭俊卿的动人故事。1950年，时任江西军区第四十八军一四三师司令部副指导员的郭俊卿，被中央军委授予"女战斗英雄"荣誉称号，光荣地出席了全国战斗英雄代表会议。她的胸前，挂满了金灿灿的奖章。接着，郭俊卿作为中国优秀青年代表随同中国访苏青年代表团，访问了苏联。在巨大的荣誉面前，她始终保持了普通一兵的本色。

根据组织的安排，郭俊卿转业到了地方工作。开始在北京市手工业管理局，后来又调到山东历城县和青岛被服厂当厂长。为了不引起人们的注目，她又改名"郭富"，以一个普通劳动者的身份开始新的工作和生活。在青岛被服厂当厂长时，和工人一起踩缝纫机，还把调整工资级别的机会让给了别人。而她当时的生活并不富裕，每月也只有50多元的工资，负担着母亲和领养的一个孩子的生活开支。

后来，组织上重新安排了郭俊卿的工作。她仍然一如既往，无论是对待工作还是对待同志，总像火一样热情。在曹县民政局工作期间，她对生活有困难的同志，常常这个5元，那个10元，用自己不多的收入无私地帮助他人。一位在战争中失去双腿的残疾军人，因为生活贫困，多次来民政局要求解决困难。郭俊卿常常把他请到家里，关照他的吃喝，临走，还要送上一点东西。

郭俊卿于1983年在常州逝世。她所做的事情看起来很平凡，但平凡之中显示出英雄本色。她为后人树立了一种崇高而又朴实无华的风范，如同一面旗帜向后人昭示着革命精神永存。

冲锋陷阵一猛将
——记"华东一级人民英雄"戴先运

他冲锋陷阵浴血沙场，只凭单枪匹马，屡立奇功。

他，就是"华东一级人民英雄"戴先运。

1948年6月的一天，戴先运所在的华东野战军第十纵队二十八师，将国民党军第五十八师围困在河南南阳以东一个叫马刘营的村子里，敌人成了瓮中之鳖。

天渐渐亮了，只见一个敌兵打着白旗从村子里走了出来，他一边走一边摇着白旗，老远就听见他在叫："不要开枪，不要开枪。"一看这情况，身为第八十二团一营三连副连长的戴先运，立即令各排不要开枪，想看看这个兵到底想干什么。

打着白旗的敌兵一到我军阵地前，就用颤巍巍的声音问："你们当官的在哪里？"

"我们这没有当官的，大家都一样。"一名战士没好气地回答道。

"你要干什么？"戴先运问道。

"我们副师长想放下武器，请你们当官的过去谈谈。"

戴先运一听，马上感到这是个好机会，敌人动摇了，应抓住时机，尽量让敌人放下武器，减少我军的伤亡。可当时营、团首长还没上来，连队阵地上没有电话，连长、指导员到营里开会去了，怎么办？戴先运当机立断，决定去和敌人谈判。

三个排长怕敌人要花招，坚决不让他去。去还是不去？为了尽可能减少部队伤亡，在这关键时刻，戴先运置个人安危于不顾。他对三个排长说："我应该去，你们要坚守好阵地，万一我回不来了，由一排长接替我，负责指挥连队。"于是，戴先运带上通信员，由敌兵带路，从容地向敌阵地走去。

进了敌人阵地，来到一家地主大院。一进大厅，只见两个军官坐在那里，一个是敌副师长肖本元，另一个是敌参谋长杨墨林。见解放军代表进门，他们两人忙站起身来，开门见山地说："我们打算放下武器，请你们来是想谈谈条件。"

戴先运一看这个架势，就料定他们是被我军打怕了，打定了投降的主意，就厉声说："有什么条件你就说。"

"我们只向贵军提出3个条件：一是我们伤兵很多，想请你们给换一次药；二是想请你们不要搜查我们当兵的东西；三是请你们不要虐待我们当官的。"

"这3个条件，我们都答应。既然你们准备放下武器，就得快一点，否则我们的大部队马上就要打过来了！"见形势十分有利，戴先运趁热打铁地说。

肖本元一听，马上叫来传令兵，命令道："迅速通知各团立即放下武器，把枪统统架起来，队伍集中起来待命。"一会儿，架枪声、集合声、叫喊声，嘈杂一片，院子里乱哄哄的。看到目的已经达到，敌人就送戴先运和通信员回去。

一出村口，老远听到战士们喊："副连长回来了！"战士们"呼啦啦"地都围了上来，说等了一个小时了，还不见你回来，把大伙都急坏了。这时，副教导员孙树亮过来了，指导员侯文星也回来了，戴先运把谈判的情况向他们做了汇报，并请上级通知友邻部队不要再往里打了。接着，戴先运命令一排坚守阵地，二排、三排跟他进村收缴敌人的武器。

等到他们再次进村时，个别顽固的敌人竟躲在暗处打冷枪负隅顽抗，子弹"叭叭"地向他们射来。戴先运突然感到鼻子像被什么东西重重地撞了一下，麻麻的，一摸，满手血糊糊的，才知道中了敌人的子弹。他赶紧命令战士抢占有利地形，对顽敌进行清剿。很快，这些顽敌就被他们给收拾了。

他们以一连之兵力，俘敌5 000余人，创造了我军作战史上的一个奇迹。

戴先运英勇顽强的战斗作风，在整个华东野战军中广为传颂。部队让他介绍经验时，他说了一句非常朴实的话："有我们的顽强，就没有敌人的顽固。"他的军旅生涯中，参加大小60余次战斗中，数十次担任突击任务，曾经负伤15次。

1946年秋，在攻打邹平县西关文昌阁的战斗中他任班长，打到最后，全班只剩下他和另外一名战士。"就是剩下一个人，也要坚持到最后胜利。"他往自己身上挂满了手榴弹，转身对身边的战士说："火力掩护，我冲上去，给他们一点颜色看看！"说完，一猫腰，纵身跃出了战壕。

敌机枪不停地扫射，炮弹不时在他周围爆炸。戴先运忽儿卧倒，忽儿跃进，身上多处负伤流血，但他浑然不顾。他摸到了敌阵地前，忍着伤痛，一口气把数十枚手榴弹扔进了敌人工事。随着声声巨响，顽抗之敌死的死，伤的伤，剩下的只好缴械投降。文昌阁终于突破了。

1947年4月，戴先运所在的部队参加了泰安城战斗，二连担任突击连，抢先进入攻击出发地段。随着最后一包炸药响过后，两发红色信号弹腾空升起，冲锋开始了。戴先运带领突击排，首先冲上了突破口。敌人不甘心失败，迅速调集大批部队阻挡，戴先运指挥突击排与敌展开了激战。敌人疯狂地向突破口射击，一时硝烟弥漫，子弹横飞，整个突破口成了一片火海。他不顾头部负伤，带领突击排的勇士，在我炮兵火力支援下，向敌阵发起猛烈攻击，顽强地夺占了制高点，打退了守敌的阻击，最终突破城

门，为主力部队顺利夺取泰安城开辟了通路，他因此荣立特等功。

1948年8月，我军攻打济南，当时戴先运是第二四四团一营三连连长。一营的任务是扫清外围周官庄之敌，营长指定三连为突击连。

周官庄工事外墙有3层楼那么高，工事异常坚固。战斗打响后，戴先运带领突击排，冒着敌人强大火力连续几次用大包炸药爆破围墙，都未能奏效。面对强敌，他毫无惧色，决定改用第二套方案，用几截梯子搭成云梯实施强攻。他令连队第二梯队所有轻重武器一齐开火作为掩护，自己带领突击排，架云梯第一个爬上城墙，并突入敌核心阵地，周官庄随即被突破。

刘行，是吴淞以西的一个小镇，地处沪太（仓）公路要冲。在解放军尚未渡江前，蒋介石不甘心其覆灭的命运，梦想长期固守上海，并在北起宝山，南接龙华，西到刘行一带，构筑了一条长达50千米、纵深十余千米的浦西弧形防线，而刘行正是这条防线的中心点。

1949年5月14日夜，三连连长戴先运带领连队在刘行西南角靠近敌人地堡的一条河面上架设浮桥。

河内布满竹签和铁丝网，敌地堡隐蔽坚固，火力控制了整个河面。戴先运清楚地意识到：要架好桥，首先必须消灭敌地堡火力。

然而，几次突击爆破均未能奏效，多次强攻亦没达到目的。三连伤亡很大。

桥没架好，突击部队无法按时发起攻击，势必影响整个战局。戴先运怒视敌堡，毅然命令：一部掩护，另一部分3组强行爆破。

他自己带一组，游过几米深的河水，冒着敌人猛烈的火力，向地堡扑去。身边的战士伤亡较大，戴先运身上也多处负伤，鲜血染红了河面。他紧咬牙关，游到了对岸，炸毁了敌人对我正面威胁最大的地堡……

随后，三连控制了整个河面，比预定时间提前4小时架起了浮桥，为突击部队开辟了通路。

戴先运为人民的解放事业做出了突出的贡献，他因此也获得了很高的荣誉，曾荣立特等功一次，大功一次，甲等战斗模范两次，二、三等功多次，并被授予"华东一级人民英雄"荣誉称号。1950年，他光荣地出席了全国战斗英雄代表大会，并参加了国庆观礼，受到了毛泽东、周恩来等党和国家领导人的亲切接见。

侦察英雄震敌胆

——"华东一级人民英雄"曹兴德

虎口拔牙、活抓"舌头"，侦察英雄，机智神勇，威震敌胆；

故事一串、传奇一生，情报部长，英勇业绩，名扬千秋。

曹兴德是一个像电影《渡江侦察记》中那个足智多谋、勇武过人的"李连长"式的侦察英雄。

1923年，曹兴德出生在胶东一个贫苦农民家庭，12岁起就先后跟父亲干过苦力，单枪匹马闯过关东，受尽恶势力欺凌，尝遍人世间炎凉。18岁那年，他从关东回到家乡，为了糊口，进了被日本侵略者占据的五花石矿做矿工。在这里，他接受了我八路军地下工作者宣传的抗日主张和革命道理，秘密发动矿工与日军巧妙周旋，多次冒险将开矿用的炸药偷运给抗日部队。为此，他和其他两名矿工曾受到日本侵略者的酷刑折磨，所幸大难不死。

日本投降后，为保卫胜利果实，曹兴德于1946年率众加入我解放军的行列，由一名班长逐步成长为一名独具慧眼、威震敌胆的侦察英雄。参加了济南战役、淮海战役、解放上海等重大战役，14次荣立战功，两次被评为"甲等战斗模范"，被授予"华东一级人民英雄"称号。

济南战役前，一天深夜，曹兴德受命带领一支侦察小分队潜往马家庄地区化装侦察。走在半路途中，他们与一股敌军遭遇了。敌人大约有二三十人，曹兴德发出暗号让大家做好战斗准备。等敌军来到跟前，他趁夜色掩护跳到公路上，猛然大声喝问："哪部分的？"

前面的一位敌军官忙答："九十六军八十四师骑兵排的。"敌军接着反问道："你们是哪一部分的？"

曹兴德大声说："九十六军军部特务营的。前面有情况，统统给我下马。快点！"

敌军听到前面有情况，顾不得多问，一个个慌忙下马，这时曹兴德发出行动暗号，伏在油菜地里的侦察员们迅猛跃起，冲上公路，大声喊着："缴枪不杀！"趁敌人惊魂未定，一举缴了敌人的枪支、马匹。敌军一时被弄得晕头转向，几个家伙大叫："别误会！别误会！都是一家人。"敌军官还不服气地喊道："咱们上军部说理去！"

曹兴德和战士们不容分说，押着俘虏和马匹迅速撤离了公路，转移到了一个小山沟的独立大院内，命令俘虏就地坐下，然后才告诉他们："我们是人民解放军，你们被俘虏了！"敌人一个个瞪大眼睛，如梦方醒。

1947年2月，为查明莱阳地区守敌的兵力部署、火力配备等情况，按师首长指示，曹兴德乔扮成敌连长，新战士王平化装成敌排长，率领几名侦察员，借夜色潜入敌阵地，伺机捕俘。

天大亮后，从据点里走出了十来个敌官兵，背着枪，手里拿着斧头、绳子等工具，看样子是出来砍树修工事的。于是，曹兴德他们冒充敌巡逻队，由王平在前，雄赳赳地迎着敌兵走去。一个敌兵厉声喝问："哪部分的？"还有的敌人举枪摸手榴弹。危急时刻，曹兴德大步向前，冲着敌人破口大骂，并佯装生气地命令侦察员把那两个欲掏家伙的敌兵抓了起来，其他敌兵被"长官"的这通火镇住了，一时目瞪口呆。曹兴德乘机厉声命令："带走！"

刚走不远，迎面又走来一个摇头晃脑、手拿绳子的敌兵，曹兴德四下里瞧了瞧，见没其他敌人，便上去给那家伙两个耳光，大声训斥道："不去砍树，在这里吊儿郎当地闲逛。来人，把他一起带走！"

那敌兵挨了揍还莫名其妙，捂着脸连声哀求："长官，我是去找绳子捆树的，饶了我吧。"曹兴德一听，不耐烦了："别啰唆，老老实实跟我们走。"敌兵吓得不再声张。

就在他们押着俘虏，即将撤出敌阵地时，在一座桥上突然出现了大约一个班的警戒哨，老远就端枪吆喝道："站住！干什么的？"曹兴德暗示大家沉住气，然后边走边大声骂骂咧咧："敢管老子，胆子不小！"同时装出一副搜索逃兵的模样，对侦察员们命令道："快到北面小山上去仔细地搜，跑了一个我要你们的脑袋！"敌哨兵见曹兴德盛气凌人，又是个"长官"，再不敢多嘴，忙向曹兴德敬礼，并分列两旁，乖乖地为侦察员打开了路障。就这样，曹兴德他们硬是从敌人眼皮底下押回了3个俘虏。

1949年4月21日下午5点左右，曹兴德在南陵东北的一道山丘小道上看到大批逃敌失魂落魄地沿公路仓皇东逃，一路上，吉普车没命地跑，步兵拼命在后面赶，伤兵在大喊大叫，被国民党军军官抛下的太太们，哭哭啼啼，遍地是敌人丢下的行李、包裹……

　　他们发现丘陵小道上，有3个人正慌慌张张地奔跑。通过望远镜，曹兴德看到3人穿着国民党军衣服，估计是国民党的散兵。于是，他带了半个侦察班，沿小路右侧追了上去，追到丘陵下坡头，立即叫四班长带一个小组去捉。3个敌兵一边没命地逃，一边朝他们放枪。曹兴德一听声音是手枪。那时国民党军只

有连长以上军官才配手枪。他大声命令四班长不要打枪，捉活的。国民党军3人中有一个家伙跑得特别快，转眼就看不见了。其余两个踉踉跄跄地慢了下来。他们在后面喊："不要跑，我们是解放军，优待俘虏。"两个敌人听了，愈加跑得快了。他们追到相距100米的时候，敌人把手上的一只小皮箱也扔了。

这时，敌人已筋疲力尽跑不动了。侦察兵勇猛地扑了上去，抓住了落在后面的一个家伙，缴了他的枪，又继续追前面一个逃窜之敌。

他们赶到山丘背面，见前方路两边有三四户人家，但不见一个人。他们估计敌人躲在小庄子里，便立即进行仔细搜索。曹兴

德从右侧绕过去，走到第二户人家，突然发现墙尽头有一个人，全身靠着墙，满头大汗，上气不接下气地大口喘息，手枪对着路口，不断地向村外张望，他就顺着墙角悄悄地从背后步步逼近，等到靠近时，他猛然一声大喝："不许动！再动就打死你！"这家伙吓了一跳，慌忙举手缴械。

第一个被抓的家伙说："同胞，我们知道你们是解放军，解放军好。我们当兵是为糊口，没有办法才投错了庙门……"曹兴德知道他是在装腔作势，问他："你是干什么的？""在八……在八十八军一个团里当副官。"

那家伙说着从衣袋里掏出六七件金首饰，三支派克钢笔，五六块小金砖，两只表，十几块大头洋，装着虔诚的样子说："现在，我们回乡当老百姓，用不着这个了，送给你们吧。"曹兴德厉声训斥道："收起你这一套鬼把戏吧，解放军不贪图财物。"就叫四班长暂时保存起来。

天色暗了，他们押着俘虏向后撤。途中拾起了刚才他们丢下的小皮箱。晚上9点多钟，终于回到师前进指挥所，将俘虏、钱物上缴了。当审问这两个家伙时，他们还一口咬定自己是"副官"。撬开那个小皮箱一看，里面全是钱币、照片。从一张照片上，发现第一个被捉的军官戴着上校军衔。铁证面前，敌人不得不低下头来。原来，一个是上校团长，另一个是中校团副，跑掉的是警卫员。

自古英雄出少年

——记"一级人民英雄"蔡萼

雏鹰展翅凌绝顶，攻城取堡打头阵。蔡萼成为人民英雄与他在小小年纪就具备勇往直前的战斗精神分不开。

1948年7月12日，山东兖州攻坚战斗开始了，17岁的蔡萼是七连一班的战斗小组长，负责把云梯架到城墙上。"啪、啪、啪"，随着3发信号弹腾空而起，枪声、炮弹和冲杀声顿时响成一片。七连迅速扫清了护城河外的工事，架设好浮桥。蔡萼带领两名战士，一跃而起，如同下山的豹子，抬着梯子冲向浮桥。前进，再前进。

突然，一发炮弹呼啸而来，浮桥拦腰断成两截，一名架桥的战士负了重伤，鲜血染红了河面，蔡萼等3人全都掉到水里。狡诈的敌人仍不罢休，又将泗河水闸打开，护城壕水深迅速涨至2米。湍急的水势眼看着就要将3人冲走，蔡萼急了，他猛地用手抓住水边的铁丝网。密密麻麻的铁蒺藜，把他的两只手刺得血红，但他咬住牙关，死死抓住铁丝网不放。战士锡怀亮抓住机会，乘势趟过护城河，迅速把梯子扛到城墙下。蔡萼领着另一名战士翻身上了护城河堤，高高的云梯终于架在了城墙上。

晚上8点35分，敌人的火力更猛了。爆破班的战士一个个倒在了前面，登城部队也被火力压制在一片开阔地上。怎么办？

　　"宁可流血牺牲，绝不后退半步"，蔡萼记着领导的话，当即让两名战友掩护，自己捡起炸药包上去爆破。只见他时而跃进，时而卧倒，迅速滚倒在敌碉堡前，一声巨响过去，敌火力点飞上了天，蔡萼顺势登上城头。

　　机警的蔡萼脚未站稳，手中的枪已经响起，4个敌人应声倒地。他迅速指挥另两名战士，又占领了敌军的一个碉堡，并利用有利地形击退敌人的反扑。全连迅速跟了上来，晚上8点40分全部登上了城楼。

　　七连在较短时间内突破了兖州城，战后获得了纵队奖给的锦旗一面，上面写着"把胜利的红旗插在兖州城上"。蔡萼荣立了一等功，并被任命为八班班长。

兖州战役后，济南已处于我解放军的四面包围之下，济南战役开始了。

9月18日，上级指定七连派一个班担任爆破城墙的任务。听到这个消息，蔡莘非常欣喜，第一个找到连长，请求把爆破城墙的任务交给八班，并写下保证书，坚决完成任务。

夜深了，全班都沉浸在梦乡中，蔡莘却怎么也睡不着，后勤没跟上，送炸药的杆子至今还没有着落，怎么办？他悄悄爬起来，信步走到户外。忽然，前面一个国民党军废弃的工事引起他的注意。"工事里肯定有做炸药杆的东西！"他径直走进工事，点着火柴，果然看到了一

些钉子、铁丝、锤子，还有破旧的弹药箱。他连忙叫醒副班长，两个人连夜就在操场上绑起了炸药杆。

早晨醒来，看到4根还带着滑轮、滑车的爆破杆，战士们都大吃一惊。蔡莘一把将杆子顶到老百姓的房子上，一拉绳子，小滑车便"吱吱"欢叫着爬上了房顶，战士们兴奋得差点跳了起来。

一切按计划进行。22日傍晚6点，战斗打响，蔡莘指挥一名叫洪大宽的战士，向上送炸药包，同时吩咐2名机枪手从翼侧佯攻。两挺机枪愤怒地喷出了火舌，敌人上当了，拼命地还击。趁着敌人分神的机会，洪大宽向前滚进、跃起，再曲身前进，迅速地跳到了城墙前。他没有半点犹豫，拉开导火索，随身一滚，只听"轰"的一声巨响，炸药准确地在城墙边爆炸，十来个敌人飞上了天。趁着敌人慌乱未定，蔡莘又果断下令："张智忠，再上。"18岁的张智忠敏捷地冲到城墙边，安装上第二包炸药，拉动滑轮，又是一声惊雷，城墙上炸开了一个大口子，爆破成功了！

敌人似乎已预感到末日来临，炒豆子般打起机关枪，担任登城任务的七班被火力压制得寸步难行。"时间就是胜利，时间就是生命"，蔡莘马上向副连长请求登城作战，副连长同意了。蔡莘大喊一声："八班跟我上！"随着一阵震耳欲聋的手榴弹爆炸声，八班迅速由爆破班变成了突击班，势如破竹，勇如猛虎，不到一分钟，就胜利地登上了烟雾冲天的城头，全班无一伤亡。

济南战役后，八班荣获了师部的嘉奖和"登城如飞"的锦旗，蔡莘也直接从班长提升为排长。

　　1949年5月，国民党不甘心自己的失败，又在上海浦东摆开战场。为封锁吴淞口，切断敌人海上逃跑的道路，彻底消灭蒋介石集团，各参战部队乘胜追击，进行了高桥战役。

　　在我军发起攻击之前，敌人连日组织海、陆、空军联合对我军反击，气焰极为嚣张。大楼上的敌人对着隐蔽在交通壕里的我军突击连洋洋自得地叫嚣："我们有飞机还有军舰，你们别想打进来，还是赶快交枪吧……"听着敌人无耻吼叫，蔡萼和他的三排战友们眼睛都冒出火来，恨不能马上干掉他们。

　　总攻的时刻终于来到了！24日下午5点，我军向高桥守敌发起总攻；傍晚6点15分，第二七一团五连趁着我炮火延伸的瞬间，攻占了敌集团堡；四连也突入镇内。看着兄弟部队都已开始进攻了，蔡萼的心里痒痒的。他第四次向孙副团长请示攻击，孙副团长果断地点了点头，打响了信号弹。

　　蔡萼带领三排迅速占领了一幢房子。当经过一个十字路口时，狡猾的敌人在一户老百姓的凉台上，架起一挺重机枪，向路上猛烈扫射，一名战士冲到路口便被打倒，血流满地。蔡萼忙派人把他抢了下来，蔡萼抬起头，想观察一下重机枪的具体位置，不料，敌人已发现了他，一排子弹飞了过来。身后的通信员急忙拉了他一把："排长，隐蔽！"蔡萼没有理睬。一颗子弹又飞了过来，掠过他的头发，把帽檐打碎了。"嘿！还真打呀！"正当蔡萼回转身来要还击敌人的时候，又一颗子弹追着打穿了他左脚脖上的骨头。蔡萼以为是子弹打落的砖砸了他的脚，他连看都没看一眼，指着敌重机枪对机枪手王玉珍说："看见了没有？封锁那面的二层楼！""排长，你放心吧！"王玉珍说着，便一口气

把机枪筒都打红了，敌重机枪彻底哑了。

　　此时，八班也攻下了一座桥头堡，班长的头部负了重伤。蔡萼对副班长说："把全班带到地堡里隐蔽休息！整理一下随时准备支援九班。"副班长一眼望到蔡萼的左脚上有血，随即问道："排长，你也挂彩了！"这时他才发现，自己脚下的泥土已被鲜血染红了一大片。蔡萼没有倒下，仍指挥着三排巩固突破口。接着又带领全排乘胜追击。

　　蔡萼拄着棍子，艰难地向前行走，没走多远，碰到敌军的一个战壕。他用棍子撑在壕底，想跳过去，不料，身体一下子失去平衡，摔倒在壕里。副班长及时赶到，把他拉了上来。蔡葑缓过气来，马上对副班长说："不要管我，你和全排一起到战斗最激烈的地方去。"副班长无可奈何，恋恋不舍地追赶大部队去了。

蔡葑继续蹒跚前进，恼人的战壕又挡住了他的路。他想顺着坡度越过去，不料，这次棍子"咔嚓"一下断了，他重重地摔下去，顿时不省人事。

七连的后勤兵成立了一个担架队，正沿途收容伤员，他们路过战壕时，发现下面有个人在蠕动。一个炊事员忽然发现他臂上的识别记号，才慌忙跳下去，把他救了上来。他就是蔡葑。

几个人忙着喂水、照料，蔡葑又清醒了过来。战友们争着要把他背到后方去，而他却大吼道："我的三排在哪里？"

当蔡葑拖着受伤的脚赶上三排时，三排正经历着一场更为严峻的挑战。1 000多名敌军龟缩在黄浦江边，准备乘船逃跑，而三排仅30名战士，眼看着天快要亮了，怎么办？蔡葑眉头一皱，顿生一计。他低声命令道，任何人严禁称呼名字，一律改称职务，排长、连长、营长……转眼间，一个排的人全部成了指挥官。

一颗信号弹升上了天空，"一排在左，二排在右，三排跟我冲，机枪掩护，四排跟我冲锋……""一营包抄，二营分割，三营……"

敌人吓呆了，不知道来了多少解放军，如同惊弓之鸟，吓得连忙把枪丢在公路上，抱起头不敢动。蔡葑让战士们把枪一支支接过来，把枪栓卸掉，再把枪扔掉，1 000多名俘虏被编成营连，由各班战士押解，缓慢地向前移动。八连从对面开过来，突然遭遇到这么多的敌军，一下子惊呆了，连长马上命令全连卧倒，准备射击。

蔡萼一瘸一拐地走到队伍前，用指挥旗传递是"自己人"的信息。当连长确认是蔡萼的三排俘虏了1 000多名敌军后，把头摇得像拨浪鼓：真是不可思议！

高桥之战结束后，上级特意给三排送了一面"战无不胜，攻无不克"的锦旗，英雄蔡萼也从此留下了一个"拼命三郎"的美称。1950年8月，第三野战军授予他"一级人民英雄"荣誉称号。10月，他光荣地出席了全国战斗英雄代表大会。

编 委 会

总顾问　向守志（原南京军区司令员、上将、百岁老红军）

顾　问　周光荣（四川省军区原政治委员、少将）

策　划　袁永生　熊　瑜

编　委　袁永生　沈鹤翔　罗　萍　谯兰平　邓小兵　唐雪元
　　　　贾思怡　姚晶晶　刘成英　周　庆　蒋　媛　税　颖

八一军旗
别样红

袁永生　沈鹤翔◎主编

红军不怕远征难·血沃中华民族魂
碧血丹心浩气存·抗美援朝壮歌扬
和平卫士谱新篇·复兴路上飞天梦

下

四川大学出版社

第四章

抗美援朝壮歌扬

黄继光——舍身堵机枪

　　黄继光（1931—1952），四川省中江县人。中国人民志愿军特等功臣、特级战斗英雄，朝鲜民主主义人民共和国英雄。1951年，参加中国人民志愿军。在抗美援朝战争中，他舍身堵枪眼的英雄壮举，激励和教育了几代人。他那奋不顾身的大无畏英雄气概为人们所敬仰，他的英雄事迹成为人们学习的楷模。

　　1951年3月，黄继光响应号召，报名参加了中国人民志愿军。当他穿上崭新的军装，高兴得一宿没睡好觉。他想，我已经是志愿军战士了，一定得好好学习杀敌本领。

　　1951年7月1日夜，黄继光跟随部队跨过鸭绿江大桥，来到了朝鲜前线，被分配到连部当通信员。刚刚在连部报了到，他就问连长："什么时候打仗啊？"连长说："性子莫急嘛，来到这儿，还愁没有仗打？现在的任务是练兵，只有练好了本领，才能打胜仗！"黄继光听了，觉得很有道理。虽然，他们来朝鲜之前进行了短期军训，但是，连一些武器的性能都还没有掌握，怎么上前线杀敌呢？

　　从第二天起，黄继光就认真学习使用各种武器，步枪、手榴弹、自动枪、火箭筒、"六〇"迫击炮，样样武器他都会用了。

　　不久，连里进行了一次攻防演习，连长特意要考察一下黄继光这个新来的通信员。一个月光皎洁的夜晚，微风吹拂着满山遍野叫不出名的树木、野花。连长一声令下，演习开始了。一排担任假想之敌，守住一个山头，二排担任正面攻击，吸引"敌人"火力，三排实行迂回从侧翼突破。"黄继光！"连长叫道。"有！""立即去三排传达命令，实施向敌人侧后迂回，强攻敌人阵地，15分钟拿下山头！"黄继光流利地复述了连长的命令，猫着腰向三排方向跑去。借着月光，连长见他一会儿疾跑，一会儿隐蔽，在开阔地带则利用仅有的几棵马尾松作掩护匍匐前进，动作十分麻利。然而，在一条小河前黄继光停住了，是涉水过河，还是走远处的那座小桥？只见他先是向着小桥跑去。可是，突然又停下了脚步，左右看了看，果断地下了河。他一步一步小心地朝前走，枪支弹药被他高高地举过头。不大一会儿，黄继光向三排传达完命令，又从原路跑回来了。糟了，连长怎么会不见了呢？他着急了，四下张望，紧张地思考着，很快发现连长新的指挥位置并迅速地跑了过来。连长对黄继光在演习中的表现非常满意，他在总结时这样说道："黄继光是第一次参加军事演习。他在传达命令的过程中，能够注意利用地形、地物，并在指挥所转移位置后，迅速做出判断，顺利找到新的指挥所。"连长也指出黄继光的不足，主要是过河时有所犹豫，一开始想过小桥。如果是实战，那座小桥不是被敌人炸掉，就是被敌人火力控制，往桥上走不是要挨敌人的子弹吗？好在，他很快就过了河，可是，耽误了几分钟时间，就有可能误大事。黄继光听了连长的总结，心想，要当个好战士不容易，还得苦学苦练才行。

1952年2月，黄继光跟随部队来到五圣山前的781高地。他心想，这下可有仗打了。可是，越想打仗，越没仗打，领导让他跟副指导员吴保生一起随连后勤转移到五圣山后面去。黄继光沉不住气了，找到副指导员，说："我参军快一年了，连一次小仗都没打过，这算什么志愿军战士？我妈妈正等着我的立功喜报呢。让我留在前方吧，我一定努力杀敌，争取戴大红花！"副指导员挺喜欢黄继光这个小战士，但是，觉得他还不懂得后勤工作的重要性，就开导他说："小黄啊！你看看咱这个钟走得准不准啊？"黄继光说："挺准的。""为什么那么准呢？""里头的机器挺灵呗！""机器是由什么组成的？""有发条、齿轮，还有表针、表盘。""还有什么？"黄继光眼珠子转了几转，想不起

来。副指导员说："想想看，齿轮、表针、发条是由什么连接起来的？""是一颗一颗小螺丝钉。""对了，要是没有螺丝钉，机器不就散架了吗？还怎么能转动呢？"黄继光挺聪明，他明白了，副指导员是让他懂得后勤工作的重要性，从此，他不再要求上前方了。

黄继光踏踏实实、认认真真做了6个月的后勤工作，很出色。他除了送信，整天不闲着，拾柴、挑水、切菜、烧锅，成了炊事班的一员。别的同志让他歇一会儿，他说："我比杨根思、董存瑞、刘胡兰差远了，人家立了那么大功，咱干这点活还累着啦！"每次给前沿分发弹药，黄继光都抢着去。别人一天送两趟，他一天送三趟。他还跑到机炮连帮着打坑道，抢起大锤来，一口气就是一百多下。人家问他叫什么名字，他不说就跑了。连里有个打铁组，黄继光经常从外面拾来炸弹片、汽油弹壳，有一回还背来半截坦克车上的炮筒子，有空还跟着学打铁，他打的菜刀、锅铲、斧头，还正经不错呢。

黄继光用肥皂特别费，每回都买好几条。有一回，司务长问他："你买那么多肥皂干吗？吃也吃不了那么快啊！"他说他不会洗，所以使的多。后来才知道，黄继光买那么多肥皂，是给前沿的同志洗衣服。黄继光踏踏实实做好后勤工作，心甘情愿做一颗螺丝钉，大家都非常赞佩，一致选举他做代表参加团里的庆功会，领导给他记了三等功，还加入了中国新民主主义青年团。

1952年10月，在抗美援朝上甘岭战役中，黄继光所在营与美军为首的"联合国军"和南朝鲜军激战4昼夜后，于19日夜奉命夺取上甘岭西侧597.9高地。部队接连攻占3个阵地后，推进到零号阵地半山腰。此时，山顶上敌一个集团火力点，以3挺重机枪、4挺轻机枪的密集火力，死死地控制着制高点，冲击部队受阻。要夺取阵地，必须拿下这个火力点。营参谋长向六连下达命令：组织爆破组，坚决炸掉敌火力点。第一、第二个爆破组连续冲上去，两组同志全部壮烈牺牲。第三个爆破组又冲上去，全组同志又困在敌人阵地前。参谋长心急如焚。他明白，在天亮前如果攻不下敌阵地，天亮后敌人就会发挥其空中优势及火力优势，反击任务不仅难以完成，而且会使部队遭受重大伤亡。

关键时刻，黄继光挺身而出。他掏出早已写好的决心书交给参谋长，恳切地说："首长，让我去吧！"他在决心书上写道："坚决完成上级交给的一切任务，争取立功当英雄，争取入党。"参谋长沉思片刻，当即任命黄继光为六班班长。他带领2名战士勇敢机智地连续摧毁敌人几个火力点，一名战友不幸牺牲，另一名战友身负重伤，他的左臂也被打穿。面对敌人的猛烈扫射，他毫无畏惧，忍着伤痛，迅速抵近敌中心火力点，连投几枚手雷，敌机枪顿时停止了射击。当部队趁势发起冲击时，残存地堡内的机枪又突然疯狂扫射，攻击部队再次受阻。这时他的身体多处负伤，弹药用尽。为了战斗的胜利，他顽强地向敌人的火力点爬去，靠近地堡射击孔时，奋力扑上去，用自己的胸膛，死死地堵住了敌人正在喷射火舌的枪眼，壮烈捐躯。在黄继光英雄壮举的激励下，部队迅速攻占"零号"阵地，全歼守敌2个营。

战后，黄继光所在部队党委根据他生前申请，追认他为中

国共产党党员，追授"模范团员"称号。1953年4月，中国人民
志愿军领导机关给他追记特等功，并追授"特级英雄"称号。
同年6月，朝鲜民主主义人民共和国最高人民会议常任委员会追
授他"朝鲜民主主义人民共和国英雄"称号和金星奖章、一级
国旗勋章。为弘扬他的英雄事迹，1962年10月，四川省中江县
人民政府建立了"黄继光纪念馆"，朱德、董必武、刘伯承、
郭沫若为之题词。1982年纪念黄继光英勇牺牲30周年时，邓小
平为"黄继光纪念馆"的黄继光烈士塑像题写了"特级英雄黄
继光"。

邱少云——烈火中永生

邱少云（1926—1952），重庆市铜梁县（今重庆市铜梁区）人。中国人民志愿军特等功臣、一级战斗英雄，朝鲜民主主义人民共和国英雄。1949年12月，参加中国人民解放军。1951年3月，参加中国人民志愿军赴朝作战。1952年10月12日，因美军投放的燃烧弹落在邱少云潜伏点附近，火势蔓延全身，为避免暴露，放弃自救而壮烈牺牲，时年26岁。

中国人民革命军事博物馆的展厅里存放着一支普通的钢枪。它的枪托已被烧成了炭黑色，但枪身却依然完整。60年前，曾有一双大手紧紧地握过它。枪下巴掌大小的军衣残片，曾经呵护过一位烈士最后的心跳。

这位烈士就是邱少云，一个存在于国人记忆深处的名字。在60年前的朝鲜战场上，他燃烧自己的生命，照亮了中国人民志愿军通往胜利的道路。

邱少云出生于重庆市铜梁县关溅乡（今重庆市铜梁区少云镇）一个贫苦农民家庭。邱少云的父亲早逝，母亲因此备受打击，很快也贫病交加去世了。

从此，13岁的邱少云便挑起了生活的重担。他来到地主家放牛。每天早上天刚蒙蒙亮，别人还在睡梦中，他就赶着牛群出了村子。一路上他要砍柴，晚上回去还要喂猪、扫院子、担水、推

磨、劈柴。可是，到了年关，地主一拨拉算盘珠子，还顶不上每天的冷饭钱。他只好又到一家面馆跑堂，每天从天不亮开始挑水，一直挑到夜深人静。

1949年秋天，二十出头的邱少云被国民党抓了壮丁，被安排在川军刘义的第十八团，成了一名士兵。受尽了苦难的他，时刻渴望着翻身得解放。

1949年12月，中国人民解放军进入四川，解放大西南。成都战役后，川军覆灭，邱少云报名参加了解放军，被补进了当时的人民解放军某部九连二排六班。

四川解放后，解放军某部队驻扎在简阳县（今简阳市）剿匪。1950年3月的一天，连队的一名干部领来3名新兵，其中一名就是邱少云。

"他一米六五左右的个子，一脸肉疙瘩，人长得很结实，但不爱说话，在班务会上，有时要点他的名，他才发言说几句。"邱少云的副班长曾纪有回忆说，刚到连队的邱少云沉默寡言，在新兵入伍培训时表现不算很积极。针对此状况，作为副班长的曾纪有决定帮助邱少云，将他列为自己的"帮扶对象"，经常给他开"小灶"，教导他在集体中如何与人和谐相处。渐渐地，邱少云融入了解放军的大集体中，和班上的战士们相处融洽，组织纪律性有了很大改观。经过一段时间培训后，邱少云便参加了剿匪斗争，战斗的磨炼让他很快成长为一名坚强的战士。

1950年6月25日，美国发动了侵略朝鲜的战争，并把战火烧到了鸭绿江边，严重威胁着还未满周岁的新中国的安全。这年10月，中国人民志愿军开赴朝鲜，与朝鲜人民军并肩作战，抗击侵略者。

邱少云随军踏上抗美援朝战场，等待他的是一场炮火的洗礼。

进入朝鲜后，部队加强了训练力度。邱少云对武器特别有悟性，部队装备的苏式武器如转盘冲锋枪、爆破筒、莫洛托夫手雷，他一学就会，几经训练，成为一名技术尖兵。

1952年，朝鲜战争进入后期僵持阶段，10月中旬，著名的上甘岭战役在朝鲜中部金化郡五圣山南麓上甘岭村打响。

要取得战役胜利，必须炸掉敌军增援必经的康平桥。要炸掉康平桥，又必须先拿下位于平康和金化之间的391高地，美军和南朝鲜军就盘踞在这里。敌军在391高地布下了一个加强营，不仅火力强大，还构筑了坚固的地下碉堡，强攻无异于鸡蛋碰石头。

邱少云所在连队奉命去拿下横亘在391高地、阻止我军战线南推的这道屏障。而我军阵地到391高地之间，有着3 000米宽的开阔地，这是敌人的炮火封锁区。因此，为了缩短对敌军发起进攻的冲击距离，我军决定在前一天夜里，让一支部队秘密潜入敌人阵地的前半山腰，埋伏24小时，一旦进攻时间到，迅速抢占391高地。

邱少云被选入潜伏队伍。执行任务前，他向党支部递交了入党申请书。他在申请书中写道："宁愿自己牺牲，决不暴露目标，为了整体，为了胜利，为了中朝人民和全人类的解放事业，愿献出自己的一切。"部队首长指示："提高纪律性，坚决执行命令，是我军的光荣传统。这次任务十分重要，也非常艰巨，在任何情况下都不能暴露目标。"邱少云和战友们坚定地回答："坚决完成任务！"

10月11日下午6时，我军向敌军阵地猛烈发射炮弹，趁敌军慌乱之机，从头到脚插满了蒿草的邱少云和其他51名战士，按预定计划潜入391高地东边的一道长满蒿草的土坎旁边。风一吹，战士们身上的草和地上的草同时摇动，看不出一点儿伪装的痕

迹。3小时后，潜伏部队全部进入预定地点，我军炮火也停止了射击。

进入阵地后，战士们只能双手趴地、脸埋在地面上，一动不动地待命。邱少云和战友们所在位置只距敌人阵地30米左右，稍发出点声响，弄出点动静，就可能被发现。上级对此次行动要求极为严格，即使敌人发现了某一个人，"也不能有任何动静，更不能反击"。

那天，刚下完一场雪，万物萧瑟，大地一片寂静。天刚蒙蒙亮，战士们首先看到的就是391高地上的那一层层的铁丝网和一簇簇的地堡群。一挺挺机枪从地堡的射击口直对着山下，持枪的敌人在山脊上的交通壕里来回走动，还不时地用望远镜朝山下张望。

上午10点左右，意外的情况发生了，南朝鲜军的一个班钻出了地堡，朝邱少云和战友们潜伏的方向走来。

我军2名战士被敌兵发现了，敌兵慌张地乱扫了一梭子弹，扭头就朝山顶上跑。

这个时候，要是让敌人活着回去，潜伏的行动就会暴露。这一切，观察所里的指挥员看得非常清楚。指挥员立刻下达命令：消灭这股敌人！顿时，炮声隆隆，391高地山坡上，筑起了一道火墙，截断了敌人的退路，一个班的敌人全部被歼灭在半山腰。

这次袭击惊动了美军。约下午4时，美军派出飞机，盘旋在志愿军潜伏地域的上空。敌机盲目地向391高地投掷数十枚燃烧弹，顿时烈火熊熊。一颗燃烧弹落在离邱少云2米远的草地上，飞溅的燃烧液溅到邱少云身上，插在他脚上的蒿草瞬间燃烧起来。

邱少云埋伏地点较靠前，离敌军铁丝网约5米，他只要稍动一下，就有可能被发现。为了不暴露自己，他一动不动。大火烧着了他的棉衣，烧进了他的皮肉，为了严守如山的军令，不暴露目标，他强忍着痛苦，双手深深地抓进土里……

周围的战友看到此情此景，心如刀割，邱少云像一块千斤巨石，以令人震惊的坚忍伏在原地纹丝不动。大火吞噬了他的身体，整整燃烧了半个小时，直至将他烧焦。在烈火焚身的半个多小时里，他没有挪动一根指头，没有发出一声呻吟，没有更准确的词汇可以去描述他肉体上承受的剧痛，但战友们却知晓他是用何等强大的精神力量支撑着他完成这一"奇迹"。

黄昏时分，漫山遍野潜伏的战士们带着复仇的火焰如洪流般涌向敌军碉堡，后方大军勇猛地冲上391高地。20分钟后，敌人被全部歼灭。

战斗胜利了，邱少云却永远地离开了，年仅26岁。

战后，部队党委追认邱少云为中国共产党党员，并追授"模范青年团员"称号。1952年11月6日，中国人民志愿军总部为他追记特等功。

在邱少云牺牲57年后的2009年，他被评为"100位新中国成立以来感动中国人物"之一。这位贫农出身的普通士兵、战火硝烟中的人民英雄在中国革命的历史上留下了不可磨灭的足迹。

杨根思——献身夺胜利

　　杨根思（1922—1950），江苏省泰兴县（今江苏省泰兴市）人。中国人民解放军全国战斗英雄，中国人民志愿军特等功臣、特级战斗英雄，朝鲜民主主义人民共和国英雄。2009年9月14日，他被中央宣传部、中央组织部等11个部门评为"100位新中国成立以来感动中国人物"之一。

　　1950年11月25日，抗美援朝第二次战役打响了。志愿军第九兵团在朝鲜战场东线担负作战任务，发动对进至长津湖地区的美海军陆战一师、步兵七师的分割围歼战。

　　杨根思奉命率本连第三排战士执行攻占并坚守咸镜南道长津郡下碣隅里外围1031高地东南——小高岭阵地的任务。小高岭是美军南逃的唯一通道，也是志愿军必守的要地。出发前，营长对杨根思说："你们连守住了这个阵地，就打破了敌人的突围计划。要记住，你们三排不许敌人爬上小高岭，坚决把敌人消灭在小高岭阵地之前。"杨根思领受任务后带第三排战士出发了。那天下着鹅毛大雪，西北风"呼呼"地吹，雪花直往脖子里钻。他们协同第六连很快拿下了小高岭，并对固守阵地做了周密的部署。

　　11月29日拂晓，固守小高岭的战斗打响了。美军集中空中和地面火力对小高岭实施了猛烈攻击，炮弹一阵紧似一阵地落到阵地上，敌机空投了大量的凝固汽油弹，小高岭顿时变成了一片火海，大部分工事被破坏，一些战士负了伤。杨根思立即组织战士利用弹坑作掩体，准备打击美军的攻击。几分钟后，黑压压的美军向小高岭冲上来。杨根思沉着镇静，当美军爬上岭，距离只有30米时，他发出"打"的命令。重机枪立即向敌人射出一排排密集的子弹，一颗颗手榴弹准确地在敌人堆里爆炸。美军丢下一片尸体，溃逃下去。

美军第一次攻击被击退后，调来8辆坦克和2个连的兵力，以更猛烈的炮火轰击小高岭。之后，美军发起第二次攻击。杨根思静等时机，当敌人离阵地很近的时候，首先扔出手榴弹，山上又响起了一阵手榴弹的爆炸声。这时，机枪、步枪一齐开火，打得前面的敌人抱头往回跑，后面的敌人仍不断地往上涌，一片混乱。杨根思乘机带领战士跳出工事，冲进敌人堆里，用刺刀、铁

锹、石块同敌人拼杀，射击声、格斗声、喊杀声响成一片。美军很快动摇了，纷纷往山下溃退，进攻又一次被打退了。

美军连遭打击，仍不甘心，又以坦克引导步兵发起第三次攻击。杨根思看着"隆隆"开上来的坦克，决心先打掉它。他身先士卒，抱起炸药包准备炸毁敌坦克，刚跃出战壕，便被战士赵有新一把拉住："连长，我去！"他抢过炸药包，直奔敌坦克。在部队火力掩护下，赵有新迅速接近坦克，敏捷地把炸药塞进坦克履带，一声巨响，领头的坦克在烟雾中不动了，其余坦克掉头回撤。美军第三次攻击也被打退了。

战场上出现了短暂的平静。杨根思利用战斗间隙，带领大家，抢修工事，补充弹药。没过多久，敌人又冲上来。杨根思率战士利用有利地形，连续打退美军的攻击。这时，阵地上只剩下6名战士了。杨根思接过姜子义带回来的纸条，上面写着："亲爱的三连同志，你们是红军连队，要坚守小高岭，相信你们一定能守住。"他看完营长的信，面对剩下的战士，坚定地说："这个阵地不能丢，只要有我们的勇敢，就没有敌人的顽强。敌人凶，我们要凶过他；子弹拼光了拼枪托，拼断枪托再拼洋锹。决不能丢阵地，丢阵地就是丢脸。在美国强盗面前丢脸，是最可耻的。"战士们齐呼："我们守得住。"随后，美军又开始进攻了。在狂轰滥炸之后，美军黑压压一片扑向小高岭。面对数倍于己、整营整营的美军，战士们毫不畏惧。杨根思沉着指挥，逐一与敌拼杀，又一次把敌人打退了。这时阵地上只有杨根思和重机枪排长两人了，而且子弹也打光了。杨根思对机枪排长说："武器不能落到敌人手里，你赶快带着重机枪撤下去。"

东方浮红霞，群山铺白雪。杨根思独立小高岭之巅，脱下军帽，拍去尘土，再端正地戴在头上，极目远眺，缓步慢行，绕着小高岭巡视一周。他捡起可用的枪支和一包炸药放在身旁，隐蔽起来，两只眼睛紧盯着山下，监视敌人。这时，美军又开始向小高岭倾泻炮弹，发起了第九次攻击。在敌军蜂拥而上，爬近山顶的危急关头，杨根思毅然抱起仅有的一个炸药包，拉燃导火索，冲向密集的敌群。随着一声震天动地的巨响，他与40多个敌人同归于尽。杨根思用生命保住了阵地，阻挡住了敌人又一次进攻，完成了切断敌军退路的阻击任务。

1952年5月9日，中国人民志愿军领导机关给杨根思追记特等功，追授他"中国人民志愿军特级战斗英雄"称号，他生前所在连被命名为"杨根思连"。英雄的家乡修建了"杨根思烈士事迹陈列馆"，纪念碑上刻着陈毅元帅的题词"杨根思烈士碑"。

杨育才——奇袭"白虎团"

杨育才（1926—1999），陕西省勉县人。中国人民志愿军特等功臣、一级战斗英雄，朝鲜民主主义人民共和国英雄。1949年4月，参加中国人民解放军，1951年6月，参加中国人民志愿军赴朝作战，先后参加了抗美援朝战争阵地防御作战、巩固阵地作战、战术反击战及夏季反击战役。

1953年6月，在《朝鲜停战协定》签字前夕，为了粉碎敌人真打假谈的阴谋，迫使敌人在板门店老老实实地认输签字，经志愿军领导和朝鲜人民军领导共同研究决定，在金城前线发动一次强大的夏季反击战。在战役总攻开始发动的同时，需要派一支小部队插入敌后，用化装奇袭的方式，歼灭南朝鲜军的"精锐师团"——首都师第一团（号称"白虎团"）团部，为大部队穿插开辟道路。指挥部经过研究，决定由侦察排副排长杨育才带领一个侦察班去完成这项十分艰险的任务。

7月13日的傍晚，部队首长和侦察班的13名战士一起吃过饭之后，把找来的南朝鲜军装穿上，杨育才乔装成"美国顾问"，12名侦察员化装成护送"顾问"的敌军，打扮得完全像南朝鲜军。

7月13日深夜，杨育才带领12名侦察兵，到达前沿的一个小坑道里，等待执行任务的时机。天空中闪着一道道金光，这是自己部队的火箭炮发射了。当第三次猛烈炮击开始，我军强大的攻击部队伴随着暴风雨般的炮火发起冲锋时，趁着敌人阵地上的混乱，杨育才一挥手，喊道："出发！一个紧跟一个！"侦察分队沿着事先研究好的穿插路线，冒着敌我双方密集的炮火，直插敌人的防线。

穿过380高地，他们进入了"虎口"——415高地。当公路上

又出现照明弹时，杨育才检查了一下行进的队伍。一路上，每隔十几分钟，他总会看一下是否有人掉队。但这次，杨育才发现队伍尾部多了一个人，他悄悄地把情况和会朝鲜语的战士韩淡年说了。韩淡年走到队尾，猛然抓住那个家伙。

原来，这是敌人的一个胆小鬼。经审讯确认是误入我军的敌军士兵，从他嘴里得知敌军的口令是"古伦—欧巴"（"云霄"的意思），并盘问出"白虎团"团部的情况。杨育才让两名战士把俘虏捆起来，嘴里塞上毛巾，放在草丛中隐蔽起来。他们掌握了敌人的口令，穿过了敌人一道道岗哨，仅用55分钟的时间就深入到了敌人前沿阵地后十几里路的三南里。可是，这时他们突然被敌人的3个哨兵拦住："口令！""古伦。""欧巴。""哪个单位的？""一联队一大队三中队的。"朝鲜族战士金全柱答复了一个哨兵的盘问，而另一个哨兵却要继续问下去。这时21岁的战士韩淡年敏捷地把钢盔向下按了按，使它斜歪着贴近眉毛，并把手枪插在腰里，俨如一个军官，大步走到哨兵的面前指着哨兵骂道："敌人快打进来了，你们还混吃蒙睡地瞎盘问！"3个敌人被吓得立正站着，并回答："是！是！长官。"这时他把眼光转向了侦察班，厉声喝道："你们停着干什么，快走，别耽误了执行紧急任务！"机警大胆的侦察英雄们就这样通过了道道障碍，杨育才率领的侦察班如13支利箭，飞快地向二清洞南朝鲜军"白虎团"团部射去。

英雄们在敌人阵地纵深摸索前进，敌人的炮兵阵地设置、汽车在公路上往返开动的情形，一切都了解得清清楚楚。这些敌人都是可以轻而易举地搞掉的。然而，在平常想得到这样大的便宜是很难想象的。

在山沟中央的一条小公路上，排列着40多辆开动着马达的吉普车和卡车，每辆车都有人往上搬运着东西。杨育才判断：这是敌人的指挥机关正打算逃跑，于是他决定开始战斗。在三岔路口上，他指挥3个侦察小组一齐把十几颗手榴弹投上了4辆挤在一起的卡车。随着一声震天的巨响，汽车和车上的敌人全部被消灭了。这时，公路上所有的汽车都混乱了：有的企图逃跑，有的还想向前开，有的被挤到了水沟里。汽车上的敌人乱成一团，有的号叫，有的逃跑，有的干脆钻在汽车底下，这时跟在侦察班后面的另一支穿插部队已经赶到了。他们就组成交叉的火网，猛烈射击汽车和四散的敌人，并飞快地向敌人指挥所逼近。

杨育才估计，沟口打响了，敌团部一定会被惊动，当他们拐进沟里时，发觉敌人正企图逃跑。敌人的团指挥所周围都用铁丝网环绕着，里面是一片密密麻麻的用水泥和木板做成的房屋，借着灯光，杨育才发现敌军首都师副师长、机甲团团长等正在开会。院外停放着大卡车和吉普车，敌军正慌乱地往车上搬东西，准备逃跑。他知道，这时候哪怕放跑一个敌人，都不算圆满完成任务。战士们已经看出了杨育才的决心，他们的眼睛闪动着，像要喷出火。杨育才留下两名战士监视门口，带着其他的人趁着爆炸的烟火，突然勇猛地闯进会议室，立即开枪射击，打得敌军措手不及，当场击毙敌机甲团团长，俘敌军事科长、榴炮营副营长。此时，乱作一团的敌军四处逃窜，拼命挣扎，在前有枪口、后无退路的情况下，只好纷纷举手投降。侦察员包同禄冲在最前头，一直打进敌人的司令部。

这是一间宽大的屋子，灯光闪亮；墙壁上挂满地图，上面标画着各种战斗记号；办公桌上的几部电话机不停地"呜拉呜拉"乱叫；旁边小屋子里的电报机也越来越急地响着；地上、床上，乱七八糟地堆积着手枪、军帽、肩章、衣服、照相机和留声机。包同禄首先拔下了一面画着一个虎头、旁边写着"优胜"的大黄旗，这就是所谓"白虎团"——南朝鲜军的精锐首都师第一团的团旗。

兵贵神速，杨育才指挥侦察分队仅用13分钟就结束了战斗，毙、伤敌机甲团团长以下共97人，俘敌军事科长、榴炮营副营长等19人。缴获李承晚亲自授予"白虎团"的"优胜虎头旗"一面，而侦察班只轻伤一人。侦察班圆满完成上级下达的突袭任务，为金城反击战取得最后胜利做出了突出贡献。

为表彰杨育才率领侦察班歼灭南朝鲜军王牌军"白虎团"的功绩，1953年10月，中国人民志愿军领导机关给他记特等功，1954年授予其"中国人民志愿军一级战斗英雄"称号。

胡修道——战场"真战神"

胡修道（1931—2002），四川省金堂县人。中国人民志愿军特等功臣、一级战斗英雄，朝鲜民主主义人民共和国英雄。1951年6月，参加中国人民志愿军赴朝作战，任志愿军第十二军三十一师九十一团五连战士。1953年12月，加入中国共产党。

作战英勇顽强，不怕牺牲。在抗美援朝战争中，先后参加了1952年秋季战术性反击、上甘岭战役和朝鲜东海岸反登陆防御作战。

1953年1月5日，是美国总统大选的日子。侵朝美军司令范佛里特与南朝鲜总统李承晚亲临前线，发动了整整一天的攻击战，称之为"一年来最猛烈的攻势"。其攻击的重点是上甘岭右侧597.9高地的最前峰。这一天，胡修道所在的志愿军第十二军三十一师九十一团五连就坚守在主峰阵地上。主峰阵地前头是9号阵地，右边是10号阵地，左边是3号阵地，相距都不远。胡修道在班长李锋带领下，与新战士藤士生3人，奉命坚守3号阵地。阵地的工事早被炮火摧毁了，全是松土、沙石，只有一块被打去半截的青石头，石头根部还有半人多高，对付着能藏住他们3个人。

天刚亮，以美军为首的"联合国军"及南朝鲜军，在飞机、火炮掩护下向阵地发起进攻。一阵"隆隆"的排炮之后，步兵开始往山上爬，越爬越高，距五连阵地也越来越近了。胡修道看不清上来了多少敌军，只顾紧紧抓住爆破筒。只听班长叫了声"开火"，胡修道使尽全身力气，不顾一切地甩出一根爆破筒、一枚手雷、一颗手榴弹，当他又要往外甩时，被班长抓住了。一大片南朝鲜军士兵被炸倒在半山坡上。

接着，南朝鲜军第二次冲上来。这次胡修道看清楚了，敌人有两个多排，都戴着钢盔，背着枪，腰里挂着手榴弹。由于山坡陡，土又松，一走一滑，南朝鲜军索性手脚并用往上爬。胡修道壮了壮胆，待敌军靠近点，才由藤士生供应弹药，他同班长一个打头，一个打尾，直打得敌军往下滚，有的抱着脑袋四下乱窜。他们在班长指挥下英勇还击，连续作战3小时，打退敌人10余次进攻。

战斗越打越激烈。这时听到连长在附近指挥洞里喊："李班长，9号阵地人不够了，你去守住。"李锋临走前，再三嘱咐胡修道和藤士生："你们要好好守住阵地，保持我们的荣誉。"班长一走，3号阵地只剩下胡修道和藤士生2人了。敌军的炮又响了。这回都是重炮，打得特别厉害。胡修道寻思着探出头，只见上来一大片敌军，个头大，笨手笨脚，背的是清一色的卡宾枪。胡修道看清楚了，全是美国兵。他暗暗骂道："过去你打我，今天该我打你了。"他顺手甩出一枚手雷，随着一声巨响，一个当官的倒下了，其余的上不上，下不下，"哇哇"地乱叫。胡修道抓过自动枪，跪在地上往下扫射，一个个美国兵被击毙。他和藤士生又连续打垮敌人10余次进攻。

这时，忽然传来"10号阵地打得没有人了，敌军攻得正凶"的喊声。他看了连长一眼，连长朝10号阵地挥手，胡修道抱起爆破筒，带领藤士生从一个弹坑滚到另一个弹坑，冒着敌人机枪火力封锁，直扑10号阵地，抢先登上制高点，将已冲上阵地的敌人击退，保住了阵地。排长从9号阵地一直打到10号阵地，负了重伤，不久就牺牲了。胡修道紧紧抱住排长，对藤士生说："你去报告连长。"藤士生刚走，敌军又冲上来。胡修道甩出一枚手雷，正要甩第二枚时，几个战士跑过来对他说："连长命令你快回3号阵地去，这里归我们负责。"胡修道端起爆破筒，弓着

腰，一口气跑到3号阵地那块大石头下。

战斗从早晨打到中午，又打到下午，天快黑时，敌军又冲上来，同时向3号、9号、10号阵地扑来。胡修道先扔出一颗手榴弹，接着扔出一枚手雷，炸倒前面的敌人，后面的敌军潮水似地往上涌，眼看到顶了。胡修道一把抓起自动枪，跪倒在地，扣住扳机不松手，扫得敌军一个又一个往下倒。在藤士生负了重伤，敌军又有约两个营的兵力扑上来时，胡修道一人坚持战斗，奋不顾身，手榴弹、手雷一个接一个地向敌军投去，不停地在敌群中爆炸，最终将敌军打退。这一天，他们打退了美军、南朝鲜军41次进攻，胡修道创造了志愿军战士一人一天歼敌280余人的纪录，守住了阵地，受到上级表彰。1953年1月15日人民志愿军领导机关为他记特等功，授予"一级战斗英雄"称号。

张积慧——王牌飞行员

　　张积慧（1927—），山东省荣成县（今山东省荣成市）人。中国人民志愿军特等功臣、一级战斗英雄。1945年，参加八路军并加入中国共产党。1951年，参加中国人民志愿军入朝作战，任志愿军空军第四师十二团三大队飞行大队长、副团长、团长。先后荣立特等功1次，一等功2次，二等功1次。

　　抗美援朝战争中，空军著名战斗英雄张积慧先后击落敌F-86E战斗机4架、击伤3架，其中1952年2月10日击毙美国"空中英雄"、王牌飞行员乔治·阿·戴维斯少校，震惊世界。60多年过去了，戴维斯是怎样被张积慧击毙的，已鲜为人知。

　　1952年2月10日黎明，张积慧和战友们一道来到浪头机场，检查好飞机。7时07分，指挥所突然发射3颗绿色信号弹。他们奉命出发了，整齐威严的34架米格机飞向战区。

　　当机群进入战区时，薄云遮盖着朝阳，水平能见度仅1.5千米左右，在这种复杂的气象条件下，传来地面指挥员的命令："加强警戒，注意搜索！"（当日清晨6时30分左右地面雷达发现在朝鲜平壤、沙里院、价川等地上空有敌轰炸机、歼击机11批，112架次，其中F-86E约80架）飞行员们聚精会神，以一双双锐利的眼睛，严密搜索。

　　突然，张积慧发现在前方远处的天幕上隐约有一道道白烟，

"是敌机！"他迅速报告带队指挥员，自己目不转睛地观察着敌人的动向。

"投副油箱，准备战斗！"耳机传来带队指挥员的命令。

"注意，抢占高度！"张积慧立刻向僚机单子玉发出命令，同时操纵飞机直插云霄，爬到万米高空。可是，当他们抢占高度优势时，敌机不见了。张积慧两只炯炯有神的眼睛，机警地向四周搜索，他感到今天的敌人不同往常，必须加倍警惕。

原来，这批敌人是飞行3 000多小时，参加过第二次世界大战、战斗飞行266次、击落敌机7架，被誉为"美国的空中英雄"的三三四中队。他们于1951年11月参加侵朝作战以来，空战60余次，击落中朝轰炸机、战斗机14架。中队长是被他们称为"百战不倦"的戴维斯，美空军参谋长范登堡因其战绩卓越，曾两次从五角大楼致电戴维斯，表示祝贺。

这次戴维斯率领的美空军"王牌"第四联队三三四中队，驾驶的是美军当时最新式的F-86E飞机，掩护B-29轰炸机准备轰炸军隅里附近的铁路，阵容壮观，浩浩荡荡，旁若无人。我机群爬高上升时，其中8架急速向西飞去，企图借着云层作隐蔽，绕到我机群后面进行偷袭。

当我机群飞到秦川、纳清亭之间上空时，张积慧突然发现右前方远处一批敌机迎面飞来。他立即与僚机爬高，待敌接近至8千米时，张积慧从云层间隙中看清有8架敌机直窜下来，很快就右转向我尾后袭来。就在即将被敌机咬尾的时刻，他镇定、沉着，暗下决心，要把敌人手里的优势和主动权夺过来。

"注意，保持双机！"张积慧提醒紧跟在后的单子玉。

"明白!"单子玉立刻作好随机应变的准备。

敌机愈来愈近了,敌人满以为我机难以摆脱,戴维斯离开机群,带着僚机单独扑向前来,刹那间到了开炮的距离。

在这紧要关头,张积慧和僚机不约而同猛然一个右侧上升,敌双机冷不防扑了个空。张积慧又来了个向左急速的反扣动作,紧紧咬住了敌带队长机,顷刻间变被动为主动,临近射击距离准备开炮。

戴维斯到底是个狡猾的老手,他一见我机紧追不舍,就上下左右猛烈翻滚,企图摆脱我机攻击,好让后面6架敌机赶来救他。张积慧和单子玉不顾尾追之敌的威胁,立刻猛侧下去,咬住这两架敌机不放,敌见我机仍紧随其后,又做俯冲动作,尾部冒出一股黑烟,从万米降至百米,在山沟里穿行,妄图脱身逃命。我双机也俯冲直下。张积慧深知敌人有一种见我开炮就跑的特点,于是一按炮钮,发出一串威胁性的炮弹。这时,敌人慌了手脚,未待他回过神来,已被张积慧瞄准套进光环。张积

慧在600米距离猛按炮钮，发射连珠似的炮弹，敌机立刻冒出一股浓烟，瞬即变成一团烈火，螺旋下坠，撞在博川三光里以北2千米处的山坡上，人机俱毁。

此时敌僚机丧魂落魄，突做上升转弯动作，企图逃跑。张积慧在僚机掩护下，猛抬机头，迅速切敌内圈，在400米距离准确瞄准，猛烈射击，将敌机打了个空中爆炸。

张积慧在僚机单子玉的掩护下机智灵活，英勇善战，以娴熟的技术紧密地配合，如同一对勇敢的燕子在空中飞翔，一左一右，一上一下，追赶敌双机使其喘不过气来，咬住敌双机使之无还手之力，干净利落地把敌双机击落，创空战中的奇迹。当日早晨7时48分，志愿军战地巡逻队在三光里北面的山坡上发现敌机残骸和戴维斯烧焦的尸体，在他手腕的"生死牌"上刻着"第四联队三三四中队中队长乔治·阿·戴维斯少校"，表明他就是被美军吹捧为"百战不倦""特别勇敢善战""最了不起"的喷气机"王牌"飞行员。

柴云振——英雄彰本色

　　柴云振（1930—），四川省岳池县人。中国人民志愿军特等功臣、一级战斗英雄。1950年10月，随中国人民志愿军开赴朝鲜前线作战。1951年5月，其所在部队志愿军十五军四十五师三营在朝鲜金化西南30千米的江原道芝浦地区的朴达峰，担负阻击北上敌军的任务。他在此次战斗中负伤，后转移至包头市部队医院。伤愈回到家乡隐姓埋名，邓小平全力协助，金日成数十年寻找，经过33年艰苦寻找，1984年在邓小平家乡广安市下辖的岳池县找到他，1985年受金日成主席邀请，他访问朝鲜并被授勋。

　　1984年10月3日，在空降兵某部一个小礼堂里，正在举行师团干部会议。与会人员中有一位身穿绿军装、满脸兴奋、两鬓雪白的老人，他就是当年在朝鲜战场上，特别是在上甘岭战役中威震敌胆的志愿军第十五军四十五师师长崔建功。他突然将一位身穿蓝色制服、面色黑黄、身材精瘦的老人的残缺了食指的右手高高举起，声音颤抖地向大家介绍："同志们！这就是我们寻找了30多年的'特等功臣''一级战斗英雄'柴云振！"顿时，全场爆发了雷鸣般的掌声，在场的师、团干部脸上都呈现出惊奇、仰慕的神情，有的人眼眶里还噙着泪珠。

　　志愿军第十五军在朝鲜战场上是一支响当当的英雄部队，战斗英雄黄继光、邱少云都来自这支部队。柴云振所在的一三四团八连是其中的一个英雄连队。就是这个连队，在后来的上甘岭战役中坚守坑道作战34个昼夜，毙敌逾千，该连有一面被穿有381个弹洞的战旗，至今还保存在军事博物馆里，被誉为"上甘岭特功八连"。电影《上甘岭》中的那个八连就是以这个连队为原型的。在参加上甘岭战役之前，这支部队曾经在朴达峰打过一次漂亮的阻击战。柴云振就是在朴达峰阻击战中成为英雄的。

　　朴达峰位于金化西南30多千米处，山势险要，是敌人进犯金化的必经之地。1951年5月28日拂晓，美国侵略军第二十五师和加拿大第二十五旅，在飞机、大炮、坦克的掩护下，开始向朴达峰扑来。担负阻击任务的是志愿军四十五师一三四团。经过五天五夜的激战，双方伤亡都很大。志愿军丢掉了两个山头，敌人已逼近我三营前沿阵地，情况十分危急。营长武尚志将该营剩余人员全部编入第二梯队，全线设防，拼死阻击，同时命令八连七班班长柴云振带领9名战士出击，坚决夺回已被敌占领的两个山头，堵住敌人进攻缺口。柴云振毅然接受了任务，凭借他的机智和勇敢，先后将两个山头夺了回来，并坚守阵地，打退了敌人的数次进攻。

仗打到第七天上午，2号山头阵地上只剩下柴云振一个人了。他利用战斗间隙，从敌人尸体旁拣了六七支加拿大冲锋枪和两箱半手榴弹，随时准备迎击敌人新一轮的进攻。很快，敌人开始进攻了，他们组织了一个排的敢死队往山头上冲。柴云振沉着应战，利用有利地势，端起机枪、冲锋枪，轮番向山下扫射，将成捆的手榴弹和爆破筒，扔向敌群。到中午时，弹药耗尽了，他就端起刺刀和冲上山头的敌人展开殊死的肉搏战。

此时柴云振已经杀红了眼。他挥舞着枪刺，像发疯了一般和敌人拼杀起来。当他的面前只剩下最后一个敌人的时候，他的力量已消耗到了极点。然而，他仍然拼出最后的力气，把刺刀刺进了那个比他块头大得多的美国士兵的胸膛。就在同时，那个美国士兵的刺刀也挑穿了他的腹部。

随后，我军的增援部队赶了上来，阵地被牢牢地占领了。战斗结束后，人们再也没有见到柴云振，在阵亡官兵的名单中也没有找到他的名字。

1954年，部队回国以后，组织上就指示有关部门开始查找柴云振的下落。根据当时保留下来的一份花名册，给他所在县的政府发了一份调查函，回函说该县查无此人。（后来才搞清楚，那份花名册籍贯栏里，只填了县名，没有填省名，而且县名还填了一个音同字不同的县）。后来，部队经过几次整编，驻地也不断变动，原先的一些老同志调走的调走，退役的退役，加上政治运动一个接一个，寻人的事也就顾不上了。

到了1980年，朝鲜领导人金日成到北京参加抗美援朝30周年纪念活动，邓小平会见了他。两人自然谈到30年前的那场战争，金日成代表朝鲜国家和人民感谢中国的帮助和支持，还顺便向邓小平打听原志愿军第十五军的战斗英雄柴云振的情况。志愿军第十五军前身属于刘伯承、邓小平领导的第二野战军，当时的军长是秦基伟。正好，时任北京军区司令员的秦基伟这次会见时也在座。听到问话，秦基伟回答说："柴云振是原志愿军十五军的一名战士，在朝鲜江原道金化郡朴达峰战斗中英勇顽强，志愿军总部授予他'一级战斗英雄'荣誉称号。"接着又说，"我们现在暂不清楚柴云振的情况，一旦打听到消息，一定及时向金主席报告"。邓小平听了秦基伟的介绍，当即指示说："尽快派人寻找柴云振。只要柴云振在这个世界上，哪怕是大海里捞针，我们也要把他捞起来！"于是，十五军再次组织对英雄的寻找，军首长把这项任务正式下达给了军史组。

军史组兼程赶到四川成都并在《四川日报》上发了"寻人启事"。

一天下午，军部司令部值班室转来营门岗哨一个电话。报告说从四川来了一个老头，自称叫"柴云政"，说是部队在报上发启事找他，他想见见部队领导。十五军宣传处李天恩和温铁汉一听，立刻激动起来，一路小跑着直奔营院大门口。

到了营门岗哨，李天恩和温铁汉看到一个50多岁的老汉，背微驼，头上戴着圈圈儿草帽，穿着一身粗布黑衣裤和一双水胶鞋，鞋和裤腿上溅了许多泥浆，脸苍老得像开裂的树皮。

老汉掏出自己的"复员退伍证"和"残废证"，自我介绍说："我叫柴云政，村里人都说你们登报找的那个人就是我。"

"柴云政？"又出现了一个与"柴云振"相似的名字，字不同音同。李天恩走上去和老汉握手，发觉他缺了根指头，就问："你的手指是怎么了？"老汉回答说："朝鲜战场上被美国鬼子咬掉的。"李天恩又问："你还有哪些地方受过伤？"老汉把草帽一揭，说："我的头也被鬼子打烂了。"温铁汉走到跟前，扒开老汉的头发一共数出24道伤疤。

对于朴达峰阻击战，老汉说的大部分情况和军史组掌握的情况是相同的，大家也被眼前这位老汉的讲述深深地打动了。禁不住问道："你后来是怎样被救下战场的？这些年你到哪里去了，为什么不来找部队？"老汉道："我一醒过来，就看到身边围着许多穿白大褂的人。他们都说我醒过来是'奇迹'。我就问他们：'这是啥子地方？'他们就对我说：'你已回国了，这里是内蒙古包头市部队医院。'后来，我才晓得自己是作为危重病人被前线战地医院用飞机送回国内的。"

老汉说，当时他在内蒙古包头医院医护人员的精心救治下，从死神的手里逃了出来。一年多后，他伤好出院了。可是，他从此就和部队失去了联系。当时抗美援朝战争还没有结束，也无法去寻找部队。政府发给他80元钱和1 000斤大米票证，他就回到了家乡四川省岳池县大佛乡。

听完老汉的叙述，军史组已经基本断定，他就是部队要找的柴云振。

找到了英雄柴云振的消息很快在中朝两国传开了，当年的志愿军老首长杨成武、洪学智等以及中央和军委领导都分别接见了柴云振。北京军区司令员、原十五军军长秦基伟还特地将柴云振请到自己家中做客，回忆往事，共叙当年。

1985年10月，经中央军委批准，柴云振作为中国人民志愿军战斗英雄代表团的成员，应金日成的邀请前往朝鲜参加中国人民志愿军赴朝作战35周年纪念活动。期间，金日成两次接见柴云振，并给他颁发了"一级自由独立勋章"。

罗盛教——冰窟勇救人

罗盛教（1931—1952），湖南省新化县人。中国人民志愿军特等功臣、一级爱民模范。1949年，参加中国人民解放军。1950年，加入中国新民主主义青年团。1951年，参加中国人民志愿军，任志愿军第四十七军第一四一师侦察队文书。

1951年8月的一天，罗盛教与炊事班的同志到阵地送饭回

来，美军发射的炮弹越过头顶，落在南映里和平村庄的土地上，发出震耳欲聋的巨响。炮声过后，罗盛教听到远处传来孩子的哭声。他冒着美军飞机的扫射轰炸，翻越一座山寻着哭声而去，在一个防空洞旁边，发现一个小孩子，正扑在一名妇女的胸脯上，边哭边叫着"阿妈妮"。那个孩子的身上、脸上、手上沾满了鲜红的血。母亲手里紧紧握住小锄把，背上的婴儿已经被炸得只剩下半截身子了。罗盛教有生以来第一次目睹如此悲惨的景象，他脸色铁青，紧握拳头。此时，美军扔下的炮弹还在爆炸。他不顾一切地把孩子抱起来，交给附近的一位朝鲜老大爷。尔后，他回

去安葬了那位朝鲜母亲和她的孩子。晚上，罗盛教躺在床上，怎么也不能入睡……夜已经很深了，他打开手电筒，翻开日记本，写下一首诗："当我被侵略者的子弹打中以后，希望你不要在我的身体面前停留，应当继续前进，为千万朝鲜人民和牺牲的同志报仇……"

1952年1月，朝鲜平安南道成川郡石田里风雪弥漫，气温降到零下二摄氏度以下。2日，一位朝鲜少年崔莹在栎沼河上滑冰，不慎摔倒，压破冰层，掉进2.7米深的冰窟窿里，一瞬间就没了顶。刚刚投弹训练归来的罗盛教见此情景，像是接到战斗命令，毫不犹豫地冲上去。他边跑边脱掉棉衣，纵身跳进冰洞，潜入水底寻人。在刺骨的冰水中，罗盛教一连两次沉入水底，摸到崔莹，几次用力把他托出水面，只因冰洞四周的冰层太薄，崔莹无法爬上去，又塌进冰水中。罗盛教第三次潜入水底摸住崔莹，双脚蹬着河底的碎石，使出最后一点力气，用头将崔莹顶出水面，战友赶来协助救出。崔莹得救了，罗盛教却被冲到远处的冰层下，再也没有出来。

罗盛教冰下救崔莹的消息传出后，石田里20多户群众像失去亲人一样痛哭不已，他们用朝鲜人民最隆重的葬礼安葬了他。劳动党里委员长指着冰封的栎沼河，声音颤抖地说："在这条河里，志愿军为救我们的一个

207

孩子献出最宝贵的生命；也在这条河里，美国侵略者用我们亲人的鲜血染红了河水。乡亲们，让我们世世代代都记住罗盛教的名字吧！"

1952年2月，中国人民志愿军领导机关给罗盛教追记特等功，追授"中国人民志愿军一级爱民模范"称号。同年4月，中国新民主主义青年团中央委员会追授他为"模范青年团员"。1953年6月，朝鲜民主主义人民共和国最高人民会议常任委员会授予他一级国旗勋章、一级战士荣誉勋章。朝鲜政府和人民为了永远纪念罗盛教，将石田里改名为"罗盛教村"，将栎沼河改名为"罗盛教河"，将安葬烈士的佛体洞山改名为"罗盛教山"，山上修建了"罗盛教亭"和"罗盛教纪念碑"。纪念碑上刻着金日成首相的亲笔题词："罗盛教烈士的国际主义精神与朝鲜人民永远共存。"

第五章

和平卫士谱新篇

雷锋——精神不灭传后世

雷锋（1940—1962），原名雷正兴，湖南省望城县（今湖南省长沙市望城区）人。1960年，参加中国人民解放军。1962年8月15日，因公殉职，年仅22岁。

雷锋出生在湖南省望城县一个贫苦农家。父亲在湖南农民运动中当过自卫队长，后遭国民党和日寇毒打致死。母亲张元满在受到地主的凌辱后，于1947年中秋之夜悬梁自尽。雷锋不满7岁就成了孤儿，被好心的六叔奶奶收养。幼年的他在附近蛇形山砍柴时，被地主婆用刀在左手背上连砍三刀，在他幼小的心灵里埋下了对黑暗社会仇恨的种子。

1959年12月初，征兵工作已经开始，雷锋迫切要求参加中国人民解放军。他跑了几十里路，来到辽阳市人民武装部向余政委讲起自己的经历，表明他参军的志愿和决心。武装部的余政委和工程兵派来接兵的领导专门研究了雷锋的入伍问题，认为他是苦孩子出身，经过实际工作的锻炼，政治素质好，入伍动机明确，虽然身高1.54米，体重不足55公斤，身体条件差些，但他在农场开过拖拉机，在工厂开过推土机，多次被评为社会主义建设积极分子和先进工作者，相信他入伍会成长得更快，最后决定批准雷锋入伍。

1960年1月8日，雷锋领到了入伍通知书，随新兵们一起由

辽阳来到驻地营口市，并作为新兵代表在欢迎战友入伍大会上讲话。

新兵训练结束后，雷锋被分到运输连当汽车兵，"服从

革命需要，革命需要我去烧木炭，我就去做张思德；革命需要我去堵枪眼，我就去做黄继光"，这是雷锋向组织上表明的态度。

雷锋性格开朗，平时很活跃，教唱歌、办墙报、说快板样样都行。上级领导安排他参加战士演出队，他就起早贪黑地背台词。后来考虑到雷锋的湖南口音与大家的普通话不协调，影响演出效果，他就主动提出换下自己，而集中精力为演出做好后勤工作。大家虽没有看到雷锋的表演，但台上的每一个节目都饱含他的辛勤劳动和他处处关心集体，一切服从工作需要的精神。

雷锋回到运输连后，便投入驾驶技术的学习中，针对缺少教练车的现状，他带领大家做了一个汽车驾驶台。雷锋废寝忘食地学习技术，被大家一致推举为技术学习小组长。1960年5月，雷锋成为一名合格的驾驶员，被分到二排四班。部队交给他一辆13号车，他开着车就上了建设工地。

执行施工任务中，雷锋整天驾驶汽车东奔西跑，很难抽出时间学习，他就把书装在挎包里，随时带在身边，只要车一停，没有其他工作，就坐在驾驶室里看书。他在日记中写下这样一段话："有些人说

工作忙，没时间学习，我认为问题不在工作忙，而在于你愿不愿意学习，会不会挤时间。要学习的时间是有的，问题是我们善不善于挤，愿不愿意钻，一块好好的木板，上面一个眼也没有，但钉子为什么能钉进去呢？这就是靠压力硬挤进去的。由此看来，钉子有两个长处：一个是挤劲，一个是钻劲，我们在学习上也要提倡这种'钉子'精神，善于挤和钻。"

1960年初夏的一个星期天，雷锋肚子疼得很厉害，他来到团部卫生队开了些药回来，见一个建筑工地上正热火朝天地进行施工，原来是给本溪路小学盖大楼，雷锋情不自禁地推起一辆小车，加入到运砖的行列中去。直到中午休息，雷锋被一群工人围住了，他面对大家说："我们都是为社会主义建设添砖加瓦，我和大家一样，只是尽了自己的一点义务，也算是有一分光发一分热吧！"这天下午，打听到雷锋名字及部队驻地的市二建公司组织工人敲锣打鼓送来感谢信，大家才知道病中的雷锋做了一件好事，过了个特殊的星期天。

1960年8月，驻地抚顺发洪水，运输连接到了抗洪抢险命令，雷锋忍着刚刚参加救火被烧伤的手的疼痛，又和战友们在上寺水库大坝连续奋战了七天七夜，被记了一次二等功。

望花区召开了大生产号召动员大会，声势很大，雷锋上街办事正好看到这个场面，他取出存折上在工厂和部队攒的200元钱（存折上203元）跑到望花区党委办公室要捐献出来，为建设祖国做点贡献，接待他的同志实在无法拒绝他的这份情谊，只好收下一半。剩下的100元在辽阳遭受百年不遇洪水的时候捐献给了辽阳人民，在我国受到严重的自然灾害的情况下，他为国家建设，为灾区捐献出自己的全部积蓄，却舍不得喝一瓶汽水。

1960年11月8日，雷锋光荣地加入了中国共产党。

1960年年底，雷锋的事迹被以《苦孩子好战士》为题发表在报刊上后引起强烈反响，各地邀请他做报告的单位越来越多，他以一部血泪斑斑的家史，告诉人们不要忘记过去，激励人们在建设祖国中团结一致，更坚定地去战胜困难，应广大人民的要求，连里把雷锋事迹搞了一个展览室，中国人民革命军事博物馆也来人收集雷锋的事迹……

从1961年开始，雷锋经常应邀去外地做报告，他出差机会多了，为人民服务的机会就多了，人们流传着这样一句话："雷锋出差一千里，好事做了一火车。"

一次，雷锋外出在沈阳站换车的时候，一出检票口，发现一群人围看一个背着小孩的中年妇女。原来这位妇女从山东去吉林看丈夫，车票和钱丢了。雷锋用自己的津贴费买了一张去吉林的火车票塞到大嫂手里，大嫂含着眼泪说："大兄弟，你叫什么名字，是哪个单位的？"雷锋说："我叫解放军，就住在中国。"

5月的一天，雷锋要冒雨去沈阳，为了赶早车，早晨5点左右就起来，带了几个馒头披上雨衣就上路了。路上，看见一位妇女背着一个小孩，一只手还牵着一个小女孩也正艰难地向车站走去。雷锋脱下身上的雨衣披在大嫂身上，又抱起小女孩陪他们一起来到车站。上车后，雷锋见小女孩冷得发颤，又把自己的贴身线衣脱下来给她穿上。雷锋估计她们早上也没吃饭，

就把自己带的馒头给她们吃。火车到了沈阳，天还在下雨，雷锋又一直把她们送到家里。那位妇女感激地说："同志，我可怎么感谢你呀！"

雷锋就是选择永不停息地、全心全意地为人民做好事，难怪人们一见到为人民做好事的人就想起了雷锋。

1962年8月15日上午8时，雷锋与战友乔安山在准备前去洗车时，他下车指挥倒车，车轮打滑，碰倒了一根电线杆，这根电线杆砸到了他的头部，他当即昏死过去，经中国人民解放军第202医院抢救无效，于当日12时5分不幸英年早逝，年仅22岁。

"把有限的生命，投入到无限的为人民服务当中去。"雷锋践行了自己钢铁般的誓言。雷锋对时代影响最大的是以其名字赋予的"雷锋精神"。雷锋精神以无私奉献为基本内涵，在实践中不断丰富和发展，影响了后来一代一代的中国人。

麦贤得——"八六海战"硬骨头

　　麦贤得（1945—），广东省饶平县人。1964年3月，参加中国人民解放军。入伍后，在广东虎门沙角海军联合学校学习。毕业后，被分配到海军护卫艇第四十一大队四中队"611号"护卫艇上，当了一名机电兵。中共党员，中国人民解放军海军战斗英雄，海军基地某部副司令员、大校。1966年，国防部授予他"战斗英雄"称号。

一个名字，勾起了一个时代的回忆。20世纪60年代，麦贤得的英雄事迹广泛流传，《钢铁战士麦贤得》被编入小学课本，一幅塑造麦贤得头缠绷带、身穿海魂衫，坚持战斗的宣传画在亿万人民心中打下了深深的烙印。如今，那名坚强的水兵战士，从宣传画上，从记忆深处缓缓走来。

1965年8月6日凌晨，台湾军队的"剑门号"和"章江号"两艘舰艇闯进了东山岛附近的渔场，我护卫艇、鱼雷艇奋起迎敌，是为"八六"海战。

战斗中，"611号"护卫艇后左主机意外停车，轮机兵麦贤得立即跑过去帮助启动机器。一块弹片打进了他的右前额，插到左侧靠近太阳穴的额叶里。在接受简单的包扎后，他又站到了自己的岗位上，一刻不停地检查机器。

额上的鲜血和流出的脑浆粘住眼角和睫毛，影响了麦贤得的视线，但他凭着平时练就的一手"夜老虎"硬功夫，顽强地坚守在战斗岗位上。在剧烈摇摆的机舱里，他穿来绕去，摸索着检查一根根管道、一个个阀门、一颗颗螺丝钉。由于失血过多，麦贤得的动作逐渐有些迟钝，但他的战斗意志却更加坚强，居然能在几台机器、几十条管道里，检查出一颗只有拇指头大的油阀螺丝被震松了，并顽强地用扳手把螺丝拧紧，保证了机器的正常运转……

一个至今令现代医学都无法解释的奇迹，在50多年前东山岛的海面上发生了。在头部负重伤的情况下，麦贤得坚持战斗整整3个小时，甚至还在几十条管道，千百颗螺丝中摸出一颗拇指大的被震松的油阀螺丝，这在常人的眼中几乎是不可能做到的。

震惊中外的"八六"海战，创造了我军历史上小艇战胜大舰的成功战绩。轮机兵麦贤得在头部中弹负伤、脑脊液外流的情况下，仍以惊人的顽强毅力，坚持战斗3小时的英雄事迹传遍了全国，从中央到地方都在竭尽全力抢救"钢铁战士"麦贤得。

这场战役，人民海军以小打大，取得新中国成立后最大一次海上歼灭战的胜利。但炮弹片严重伤害了麦贤得的脑神经。战斗结束后，毛泽东、周恩来等领导人得知他的伤情，都十分关心，周恩来亲自组织全国最优秀的脑外科专家为他会诊，要求一定要把他的伤治好。

全国各地掀起学习麦贤得的热潮。他的事迹被登上各大报纸的头版头条，并被创作成宣传画、连环画、快板、歌曲、话剧，甚至被编进小学课本。毛泽东、朱德、董必武、贺龙、叶剑英、徐向前等当时党和军队领导人专门接见了这名英雄的水兵。

1966年，他被国防部授予"战斗英雄"荣誉称号。

李向群——九江抗洪留英名

李向群（1978—1998），海南琼山县（今海南省海口市琼山区）人。1996年12月，参加中国人民解放军。在广州军区某集团军"塔山守备英雄团"九连一班任战士。1998年8月5日，他随部队赴湖北荆州抗洪抢险，14日在抗洪抢险一线光荣加入中国共产党。他带病坚持抢险，终因劳累过度于1998年8月22日壮烈牺牲，年仅20岁。时任中共中央总书记、国家主席江泽民签署命令，授予李向群"新时期英雄战士"荣誉称号。

海南省海口市琼山区东山镇，曾是著名的琼崖革命根据地，李向群从小就受到革命传统的熏陶。改革开放以来，他的家庭经历了从穷到富的变迁，他亲身感受到党的改革开放政策的伟大。

李向群从小就崇敬英雄，决心长大当一名解放军战士。1996年12月，他报名应征，终于实现了参军的愿望，被批准成为一名光荣的解放军战士。入伍以后，他决心刻苦学好军事本领，努力做一名优秀战士。

1998年6月13日，李向群回家探亲，也就是从那段时间开始，我国广阔的大地开始遭受历史上罕见的洪水灾害。作为军人的他意识到，部队很可能要去参加抗洪抢险。他越想越坐不住了，觉得应该提前归队。父母听他要提前回部队，有些舍不得。母亲挽留他说："你刚回来几天，在家多待几天吧！"李向群有点调皮地说："洪水就是命令，儿子现在是部队的人了，部队马上要抗洪抢险，我能待得住吗？"

6月24日，漓江水位暴涨，桂林市区大面积进水，火车站北站水深达1.2米。部队接到紧急任务，要到青狮潭水库抢险。刚刚归队两天的李向群主动要求参加抢险，来到青狮潭水库，和大家一起扛沙包垒大堤，干了两天两夜，圆满完成了任务。

8月5日，李向群所在部队接到紧急命令，立即赶赴湖北灾区。经过三十几个小时，部队到达湖北沙市，立即奔赴大堤抢险。

8月7日14点，李向群随部队从沙市到达弥市镇。8月8日上午8点30分，荆江干堤马浩段大面积散漫，部分地段出现滑坡，情况紧急，部队迅速上堤抢险。

222

李向群迅速穿上救生衣，扛着铁锹和战友们一起赶往大堤，立即投入抗洪。别人一次扛一个沙包，他扛两个，排长郭秀磊劝他，说："向群，悠着点劲，干得太猛，明天怎么办？"李向群笑着说："排长，没关系，我年轻有的是力气，再说，力气用完了还可以再长啊！"太阳当头照，李向群扛着两个沙包，气喘吁吁，不一会儿，衣服就被汗水湿透了。两个半小时后，他的双肩被编织袋蹭破了皮，渗出了血，一共扛了50多趟，是全营扛包最多的。

8月8日晚11点，为迎战长江第4次洪峰，9连的临时会议室里正在热烈讨论参加抗洪抢险突击队的人员名单。李向群听说参加突击队的都必须是党员、干部和骨干。可他什么都不是，想什么办法才能加入突击队呢？

李向群来到会议室门口，大着胆子喊了一声"报告"，就推开了会议室的门。正在屋里开会的人都不作声了，不知道他有什么事。他看到大家疑惑的目光，也有些不自在，一下子说不出话来了。这时，指导员胡纯林开了口，他明白李向群是来干什么的，可是，他说："怎么还没休息？有什么事明天再说吧！说不定一会儿还要去抢险呢！"李向群定了定神，大声说："我正是为这事来的，请批准我参加突击队吧！"他说得很恳切，两只眼睛看着大家。

指导员听了李向群的话非常感动，说道："你提的要求很好，我们很高兴。但是，作为一名战士，要服从组织的安排！"李向群有点着急，说："我自幼在江边长大，身体结实，水性好，最适合担任抗洪抢险突击队员了。"

连长说："你的心情我们理解。可是，突击队员要求是党员和骨干。你不是骨干，也没入党，就不要参加了。"

李向群急了，又说："连长，指导员，我虽然不是党员，但我已交了入党申请书，让我在突击队里接受考验吧！"

大家听了李向群的话，觉得有道理。连长和指导员也交换了一下眼神，会心地点了点头。

李向群如愿成了突击队员，高兴地走出了会议室，抓紧做抢险的准备去了。

8月13日10点25分，李向群随部队火速赶到弥市大坪口幸福闸排险。这时候，长江第5次洪峰逼近沙市，幸福闸发生较大面积散浸，需要迅速查清漏洞，排除险情。

幸福闸这个地方，江面弯多水急，漩涡不断，恶浪一个接着

一个扑向堤岸。连长正在考虑下水排险的人选，李向群拨开人群走到闸前对连长说："我下去试试！"说完一个猛子扎下去。30秒、50秒，他一直没露头，大家都着急起来。1分钟过后，李向群才从下游十几米的水面冒出来。指导员忙问："怎么样？"李向群说："水流太急，控制不住身子。"连长命令拿背包带，把6只沙袋捆在一起放入水里，脱掉衣服准备亲自下去。李向群一下子把背包绳抢过来，说："连长，我下去过一次，心里有底，还是我下吧！"说完，他抱着沙袋沉入了水中。在下沉当中，他的右脚踝关节不小心碰到闸门，被划开一条4厘米长的口子，鲜血直流，可他全然不顾，手脚并用，来回探寻，终于找到了闸门渗水口的准确位置。

李向群上岸后，连长见他右脚踝流血不止，立即叫卫生员为他包扎，并让他去休息。李向群不肯，说："多一个人就多一分力量，多扛一袋沙包，大堤就多一分安全。这个时候，我怎么能休息！"说完，他又和大家投入了封堵管涌的战斗。

在全连官兵的共同努力下，终于封住了渗水洞，排除了险情。

8月14日，由于李向群在抗洪抢险中表现出色，经连队党支部大会讨论，一致同意接受他为中共预备党员。

8月17日上午，与洪水搏斗了一夜的李向群，悄悄来到营部找到卫生员。他向卫生员要感冒药，一测体温，发烧挺厉害。卫生员给他开了两包药，让他签个字，回去休息。

他想，签了名就不能上大堤了，一点感冒用不着休息。卫生员王稳容曾和李向群一起参加函授学习，李向群就对他说："大

家都在大堤上抢险，我又刚入党，怎么能休息，如果连里干部问起这件事，你可要给我保密。"

卫生员说，这次我给你保密，下次可不行了。

8月19日上午，李向群仍然没有退烧，听到天兴堤段又出现8个管涌群后，又和战友们奔向天兴堤。其实他请个假就可休息，但是他觉得堤上多一个人就多一分制服洪魔的力量。

在天兴大堤上，李向群看到浑浊的江水从管涌口喷出，扛起沙袋就跑，两袋、三袋、四袋，忘记了病痛，渐渐地，他的脚步慢了下来，头不怎么痛了，可昏沉沉的。

突然，他觉得好像碰到什么东西，一看，是指导员和排长。排长责怪他，说："休息一下，不要劳累过度了。别人扛一包，你老是扛两包，这怎么行！"指导员看到李向群脸色发青，用手一摸他的额头，真烫手，就对排长说："把他送回去！"

李向群不肯走，分辩说："这点小病不算什么！"指导员说："你带病坚持抢险，精神可嘉，但这种做法不可取。"

李向群死活不下堤，一直带病坚持战斗，直到晕倒在大堤上，随后，被送进了卫生队。

在卫生队里，李向群躺不住，一听有情况就不顾一切地往堤上跑，前后三次"出逃"。

8月21日，南平大堤有一段堤基塌陷，引发70米的内滑坡，汹涌的江水不断冲击着江堤，随时都有溃堤的危险。

上午8点，全团官兵到南平大堤险段抢险，有的挥舞铁锹装填沙包，有的肩扛手抱沙包，干得热火朝天。

忽然，一班长王绍发现李向群也在大堤上。指导员跑过去，说："快回去，你还要不要命？"

李向群真诚地说："指导员，险情这么急，全团都上了，我在医院里躺着不踏实。"指导员命令道："不行！你必须回去！一班长，你把他送回去！"李向群被推上了车。可是，不大会儿，他又出现在大堤上。

李向群带病坚持抢险，和战友们一起装填沙土，搬运沙包。上午10点左右，他已经非常疲累。当他扛着两只沙包再次爬上大堤时，头一阵发晕，一个跟头栽倒在大堤上。

战友们赶紧围过来一看，沙袋压在李向群肩膀上，他的鼻孔渗出了鲜血。在堤上送水的老大娘唐书秀，将他抱在怀里，急忙褪下手镯给他刮痧。

当天下午，李向群被紧急送到武汉抢救。因为他极度劳累，导致心力衰竭，肺部大面积出血，经多方抢救无效，于22日10点10分永远闭上了眼睛。

8月28日，南平镇港关中学校门口挂着"李向群同志永垂不朽"的横幅，下午1点30分在港关中学为抗洪英雄李向群举行了隆重的追悼会。

会场里摆满了花圈，烈士的遗像高高悬挂在深蓝色的挽幛上，"为人民战洪魔流芳千古，保大堤献青春英名永存"的挽联在风中飘动。

苏宁——勇于创新固国防

苏宁（1953—1991），祖籍山西省孝义市，出生于江苏省南京市。1969年，参加中国人民解放军。生前系中国人民解放军65435部队参谋长。1991年4月21日上午，苏宁现场指挥团队建制连手榴弹实弹投掷训练时为保护战友牺牲，牺牲时年仅38

岁。1993年，中央军委授予他"献身国防现代化的模范干部"荣誉称号。2009年，入选"100位新中国成立以来感动中国人物"候选人名单。

苏宁出生在一个军人家庭，他的父母都是我军的高级干部。自1969年参军以后，他在22年里，全身心投入国防科研，为我国的国防现代化建设做出了突出的成绩。

苏宁勤奋学习，而且善于学习。他创造了勤动脑、勤阅读、勤求教、勤动笔的"四勤"学习方法。

作为一名军人，他深深感到，在当今世界上，一个国家没有国防现代化，就没有真正的安全。

他曾经说过这样一句话："当你看到外军的指挥系统一秒钟处理几万个数据，指挥高水平，而我军的指挥员们还用铅笔在地图上圈圈点点时，作为中国军人，你能不着急吗？"他给自己立下了一个目标：为国防现代化建功立业，力争做一名优秀指挥员。

冬季的黑龙江雪花飞舞，冰天雪地。

苏宁野营拉练回来，一直想着冬季拉练的取暖问题。士兵们拉练时都是打雪洞过夜，早上起来，一个个眉毛上都挂着霜，像白胡子老头，有些战士还冻坏了手脚。为了解决这个问题，他想搞一种野营用的帐篷。

说干就干，苏宁很快搞了一个"多功能帐篷"的设计图。这种帐篷功能多，能保温，体积小，拆装方便。他找来一些铁棍和三角铁，焊成支架。没有帆布，就把家里的旧床单拿来代替。可是他不会蹬缝纫机，他的岳母就主动来帮忙。

经过反复研究、修改，一顶冬季用的多用帐篷缝制成功了。部队又要野营了，苏宁决定到野外试试。多用帐篷支起来了，3个人只用了一分钟。室外温度是零下30摄氏度，帐篷里是20摄氏度，最高时达到27摄氏度，行军时可以罩在汽车上，随时用随时可以取下来，解决了野营行军取暖的问题。苏宁研制的多用帐篷成功了，被命名为"90式多用野战帐篷"。

当战士的时候，没有计算器，苏宁就用几块塑料板刻上密

位，制成计算盘，体积小，可以揣在口袋里，使用很方便，很受战士欢迎。

当侦察班长时，苏宁自己制造了一种"射击捕捉器"。作为炮兵，必须准确地捕捉炸点。如果不能及时、准确地捕捉，指挥员就无法根据炸点进行射击修正，就不能对目标实施有效的打击。而当时炮兵指挥员使用的方向盘视角小，常常抓不到炸点。为了解决这一难题，苏宁找来一根木棍，用刀刮光，又找来一根短棍，在上面安上一些小齿，齿与齿之间用刀刻下密位分度，再把带齿的短棍固定在那根长棍上。这个类似耙子的东西，苏宁就叫它"射击捕捉器"。

别看这个射击捕捉器简单，射击时它可以准确抓住炸点，并且能迅速、精确地修正偏差，很受战士们的欢迎。怎样在夜间捕捉炸点呢？苏宁就在捕捉器的横棍上安上小灯泡，夜间训练问题也解决了。

苏宁还经过反复钻研，把计算机引入作战决策系统，经过3年时间的艰苦努力，1984年他终于完成了《摩步师攻防作战计算机辅助决策系统》的设计方案，受到上级重视。当时，因为微机刚刚起步，整个哈尔滨市只有几家大学和科研机构才有微机。而苏宁入伍前初中都没毕业，可想而知，研究的难度是很大的。但是，苏宁毕竟是苏宁。他刻苦学习，虚心求教。他兜里面总是揣着小纸片，有了新的灵感就及时捕捉。他的床上、桌子上常常摆满各种书籍，跑大学、跑研究所，多方学习，就连妻子的书信背面也写满了计算公式。他常常钻研到深夜。他爱人生小孩患乳腺炎，住院手术，他都让妹妹去照顾。

苏宁还和哈尔滨工业大学的教授共同研制了一种激光测速系统，用激光测试炮弹的初速。这项研究非常重要，炮弹的初速测试不准，就会影响射击的精度，还会浪费炮弹，贻误战机。

为了研究的顺利进行，苏宁经常坐公共汽车去哈尔滨工业大学。赶不上吃饭就啃面包。他还买了许多书，学习有关激光的知识。经过艰苦努力，课题组进行了3次实弹射击和5次枪代炮实验，掌握了大量第一手资料。这项研究快要成功的时候，1991年4月18日，哈尔滨工业大学的教授打电话来约苏宁4月21日商定第4次实弹射击有关问题。4月21日，苏宁现场指挥团队建制连手榴弹实弹投掷训练时，为了保护战友而壮烈牺牲，牺牲时年仅38岁。这项实验研究后来取得了成功，课题组决定用苏宁的名字命名。

1993年，中央军委授予苏宁"献身国防现代化的模范干部"荣誉称号。2009年苏宁入选"100位新中国成立以来感动中国人物"候选人名单。

杨业功——军魂不灭扬正气

杨业功（1945—2004），湖北省应城市人。1963年8月，参加中国人民解放军。1966年2月，加入中国共产党。入伍40多年来，他牢记军人的神圣职责和历史使命，奋发向上，争先创优，特别是走上基地领导工作岗位后，殚精竭虑，忘我工作，为部队现代化建设跨越式发展和军事斗争准备呕心沥血，拼搏进取，做出了突出成绩。先后荣立二等功一次、三等功两次。2003年，当选为第十届全国人民代表大会代表。2004年7月，因积劳成疾病逝。

一生廉洁自律，一身浩然正气，杨业功给当今时代留下弥足珍贵的精神财富。

入夜，东海某海域。

一枚新型导弹呼啸着划破夜空，迅疾的弹影掠过遥远的距离，准确命中海上的目标。测控数据传来，发射阵地群情振奋。担任现场总指挥的杨业功兴奋地表示："有我们在，请祖国和人民放心吧！"

1995年夏，我新型导弹部队以这种方式首次公开亮相。国际军事界立刻为之震动："这意味着一个令人生畏的重大突破。"

那年，时任第二炮兵某基地副参谋长的杨业功，奉命组建我军第一支具有现代化作战能力的新型导弹旅。受领任务时，他庄

重地立下"军令状"："这是党和人民对我的极大信赖。我以一个共产党员的党性发誓：坚决完成任务，决不给党和军队丢脸！"

20世纪60年代中期，战略导弹部队第二炮兵正式成立。创业维艰，不辱使命。杨业功率领部队在一张白纸上开始描绘新型导弹部队的构想，以一种现代战争的军事理念，打造中国战略导弹部队的精锐之师。

那段时间，杨业功上阵地、下部队，几乎没有休过一个节假日。他的"全日制"工作状态让一些年轻的同志都感到吃不消。他对所有工作都要求准确无误，唯独自己的吃饭、休息和回家时间从未准时过。他有一句讲了不知多少遍的口头禅："少说空话，多想办法，多干实事，多出成绩！"

1999年6月，杨业功走上了基地司令员岗位。又一个艰巨的使命落在了他的身上。他满怀激情："不论走到哪里，我都是一个兵，一个像导弹一样为神圣使命勇往直前的兵。"他告诫部队："只有从全局高度确立打赢标准，瞄准世界一流抓战斗力建设，才能成为党和人民可信赖的铁拳头。"

走进他的家中，看不到什么像样的家具，却有满满几柜子书。在那些有关导弹技术、现代战争、指挥艺术、战争筹划方面的书籍上，写着大量的阅读注记，几十个笔记本，记载着百万字的心得。他撰写的《谈如何保持第二炮兵长久的实战能力》《局部战争与导弹部队》，引起军队高级机关的重视。

每当国际上爆发军事冲突，杨业功都要立刻提醒官兵们密切关注，组织大家研讨战争中导弹运用的事例，吸收借鉴先进战法，寻找应对措施。他还把世界主要军事强国导弹部队的相关情况整理出来，列出几百项"先进指标"，让大家经常琢磨，谋求超越之道。

官兵们说，虽然部队没有参加过实战，但每天都生活在实战氛围中。

2000年，基地某旅确立了全系统、全要素、全员额、全程序、全装备训练的目标。这在二炮部队还是头一次，不少人忧心忡忡。因为训练动用装备越多，风险就越大。

压力面前，杨业功第一个表态："我支持。出了问题我负责！"

由于缺乏经验，第一次按"五全"标准训练就出了意外：夜间紧急出动中，一辆装备车因路基过软发生侧倾，差点酿成事故。上下哗然。

杨业功没有责备部队。他亲自组织深入调查，带领官兵对所有训练细节进行严格推敲，每个环节都精心筹划和实施，终于使各课目训练圆满成功。

导弹发射代价昂贵。国外军队一般以电脑模拟组织训练。由于与野外训练的感受大不相同，真正有战斗气氛的模拟训练实际上难以实现。杨业功开始行动了。他带着技术骨干研制成功"缩

小比例模拟弹"，并且亲自编写了相应的操作规程，使部队能够以极低廉的成本进行发射练习，破解了一道世界性难题。

在此基础上，他又大胆创新，组织部队圆满完成了第二炮兵历史上第一枚常规导弹的发射及弹体回收任务。

杨业功亲自组织参与了多次重大军事演习，创造了一个又一个第一，还在新中国成立50周年大阅兵中接受了祖国和人民的检阅。他魂牵梦绕的部队战斗力快速提升。

2003年11月，是杨业功一生中最沉重的一段日子。他在国防科技大学学习时的一次体检中，被查出患十二指肠腺瘤癌变。

但在此后的几个月，他仍像一往无前的勇士，奉献着最后的人生。

他要完成国防科技大学的学习计划。进医院时，他就带着学校发的书本。他趴在病床上一边学习，一边完成了题为《建立联合作战指挥机构应把握的问题》的毕业论文。

他请求把电话接到病房，还像上班一样指挥着部队的建设。每当听到基地的同志说到某项工作已经通过严格的考核、阵地建设工程全部达到最高标准时，他总会高兴得放声大笑。

2004年春节前夕，经过杨业功再三恳求，医院同意他回部队养病。此时，他的体重已经从70千克减到58千克，原本合体的军装显得空空荡荡。

这年春节，正值部队执行一项重大任务。大年初六，他不顾劝阻拖着病体参加常委会，听取有关工作汇报，并主持制定作战方案。杨业功没有倒下，他时时刻刻牵挂着导弹部队的建设。杨业功没有倒下，在生命的最后时刻，他背靠床头，一边输着液，一边用笔记本电脑写着述职报告，把工作的经验和教训留给基地"班子"，把最后的眷念留给朝夕相处的战友："……病魔只能摧垮我的身体，摧不垮我的钢铁意志。一旦病好，我还要和战友们一起战斗在军事斗争准备第一线……"

2004年6月9日，第二炮兵领导前来看望。杨业功用尽力气所讲的全都是如何加强导弹部队的建设。如果他有最后的遗言，那就是："为导弹事业献出这把骨头，我无怨无悔……"

杨业功走了。在最后时刻，他喊着"出发"这个微弱却坚定的口令走完了自己的辉煌人生，围在他身边的官兵泣不成声。他们不约而同地抬起右手，用庄严的军礼为共和国将军送行。

在基地设置的告别灵堂，一名战士送来的挽联上写着："你把忠魂留在了阵地，你把忠诚留给了祖国，你永远是我们心中的英雄！"

官兵们仿佛看到，杨业功率领着部队又一次向阵地出发了——他的生命在阵地中永恒。

第六章

复兴路上飞天梦

钱学森——感动中国的科学家

钱学森（1911—2009），浙江省杭州市人。世界著名科学家，空气动力学家，中国载人航天奠基人，中国科学院及中国工程院院士，中国两弹一星功勋奖章获得者，被誉为"中国航天之父"、"中国导弹之父"、"中国自动化控制之父"和"火箭之王"。由于他的归来，中国导弹、原子弹的发射向前推进了至少20年。

我们常在书中看到，某位科学家成为"两弹一星功勋奖章"获得者。

那么，什么是"两弹一星"呢？最初，"两弹"指原子弹、氢弹，后来"两弹"中的原子弹和氢弹合称核弹，另一弹指导

弹，"一星"则是指人造卫星。

在这里，我们不能不提到一位著名的科学家——钱学森，他的丰功伟绩让世人瞩目。他被誉为"中国航天之父""中国导弹之父""火箭之王"。

钱学森（1911—2009），浙江省杭州市人，1934年毕业于上海交通大学机械工程系。1935年，入美国麻省理工学院航空系学习，翌年获硕士学位。1955年冲破重重阻力返回祖国。

作为科学家，钱学森感动了整个中国。这不仅仅是因为他的成就斐然、贡献卓越，更是因为他的博大胸襟和爱国情怀。

一个钱学森，可抵三至五个师

1955年9月17日，钱学森带着家人终于踏上了归国的远途。而为了这一天，他足足煎熬了5年。

他的离开震惊了美国军界和科学界，当时的加州理工学院院长杜布里奇在当天说了一句意味深长的话：他回国绝不是去种苹果树的。而在中国，很多人为了这一天等了很久，他的归来，牵动着中国政府，也让整个中国欣喜异常。

他的离开为什么能让美国紧张、中国欣喜、

世界瞩目？让我们把时间倒转回1950年。这年6月的一天，美国华盛顿，一个名叫钱学森的中国人的造访让当时的美国国防部海军次长金贝尔陷入了不安。钱学森刚一离开办公室，他立即给司法部打电话说："无论如何都不要让钱学森回国。他太有价值了，在任何情况下都抵得上三至五个师的兵力，我宁可毙了他，也不要放他回中国。"

此时，钱学森已经是美国麻省理工学院最年轻的终身教授、加州理工学院教授、美国喷气动力实验室主任，已经成为颇有国际声望的科学家。美国国防部认为钱学森太有价值了，因此千方百计地阻挠他回国。于是，"莫须有"的罪名接踵而至，他被捕入狱，度过了14天炼狱般的生活。

后来，迫于舆论压力，美国当局不得不将钱学森释放，但仍对其行动进行监视和限制。

面对美方的蓄意阻挠，钱学森更加坚定了报国的信念。在这5年里，全家人经常搬家。他的夫人蒋英回忆说："我们总是在身边放好三只轻便的箱子，天天准备随时获准回国。"也就在这期间，钱学森完成了30万字的《工程控制论》一书，一举奠定了他作为工程控制论开山鼻祖的历史地位。

1955年9月17日，在中国政府的强烈要求和种种努力下，钱学森终于踏上了归国的航程。

没有钱学森，中国科技发展会延迟若干年

有人说，如果没有钱学森当年的回国，就不可能有中国航天事业的今天。回国后，从受命组建中国第一个火箭、导弹研究

所，到主持完成"喷气和火箭技术的建立"规划；从参与近程导弹、中近程导弹和中国第一颗人造地球卫星的研制，到直接领导用中近程导弹运载原子弹"两弹结合"试验、参与制定中国第一个星际航空发展规划……钱学森见证了我国航天事业发展的历史。

"为中国人争气"，这是钱学森的追求；"为国争光"，则是钱学森的信念。当年，陈赓将军问他："中国人能不能搞导弹？"钱学森说："外国人能干的，中国人为什么不能干？难道中国人比外国人矮一截？"

当饭都吃不饱的中国宣布"要搞人造卫星"时，西方讥笑为"妄想一步登天"。但是横空出世的"两弹一星"，打出了中国人的精气神，打出了新中国的国威。

一位老科学家说："在新中国科学界，钱学森的作用是无与伦比的，如果没有他，新中国的科技事业特别是国防科技事业的发展会延迟若干年。"

提及自己的贡献，他总是谦逊地说："我个人仅仅是沧海一粟，真正伟大的是人民和我们的国家。"钱学森一贯反对别人称他"导弹之父"或"航天之父"，总以诚恳的态度告诉大家，像"两弹一星"这样的大科学工程，不是哪一两个人能干成功的，"一切成就归于党，归于集体"。美国准备授予钱学森院士称号，被他拒绝。他说："如果中国人民说我钱学森为国家、为民族做了点事，那就是最高的奖赏。"

邓稼先——为祖国造了个"大炮仗"

邓稼先（1924—1986），安徽省怀宁县人。中国科学院院士、著名核物理学家。1948年至1950年，他在美国普渡大学留学，获得物理学博士学位，毕业当年，他就毅然回国。他是中国核武器研制与发展的主要组织者、领导者，始终身处中国武器制造的第一线，领导许多学者和技术人员，成功地设计了中国的原子弹和氢弹，将中国国防自卫武器引领到世界先进水平。在一次实验中，他受到核辐射伤害，身患直肠癌，于1986年7月29日在北京不幸逝世，终年62岁。

大家在生活中可能不常见"核辐射"这个词，但对于核武器科研人员来说，这是个要时时防范的问题。少量的核辐射照射不会危及人的生命，但会让人出现头昏、乏力、恶心、呕吐、腹泻、白细胞数下降的症状；过量的放射性射线照射对人体会产生

伤害，使人致病、不育、产生怪胎、致癌、致死。受照射时间越长，受到的辐射剂量就越大，对身体的危害也越大。而中国核物理专家、用一生实践科技强国梦的邓稼先，冒着这样的危险，为中国的核武事业奉献了一生。

邓稼先（1924—1986），安徽省怀宁县人。1937年7月7日，"卢沟桥"事变的枪声响起。22天后，北平（今北京）沦陷了，占领北平的日军强迫市民游行，庆祝他们所谓的"胜利"。邓稼先无法忍受这种屈辱，时年13岁的他当众把一面日本国旗撕得粉碎，并扔在地上踩了几脚。

随后，邓稼先进入国立西南联合大学，毕业后受聘担任了北京大学物理系助教。抱着学更多的本领以建设新中国之

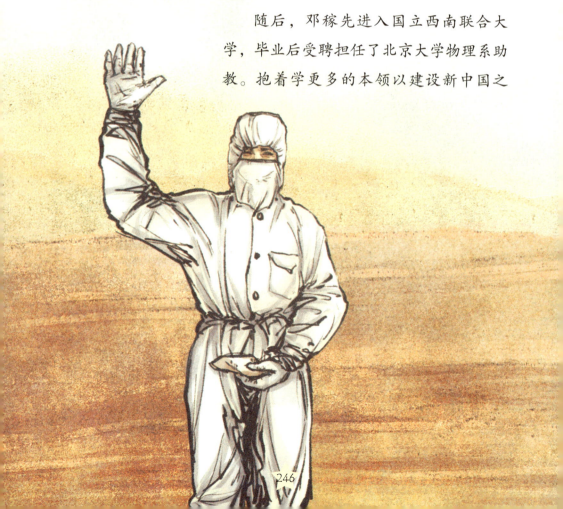

志，他于1947年赴美留学。1950年8月，他在美国获得博士学位9天后，谢绝恩师的挽留，毅然回国。

一个太阳不够用

学成归国的邓稼先成为中科院近代物理研究所的一名助理研究员。他扎实的学科基础、高水准的专业和科研能力、流利的英文和俄文，让负责筹备组建核武器研究队伍的钱三强选中了他。邓稼先和老科学家们在一起创业，他们骑着自行车到旧货摊上购置零件，自己动手研制仪器，使新中国第一个近代物理研究机构——近代物理研究所，渐渐壮大起来。

1958年秋，二机部副部长钱三强找到邓稼先，说"国家要放一个'大炮仗'"，征询他是否愿意参加这项必须严格保密的工作。邓稼先义无反顾地表示同意。就这样，年仅34岁的邓稼先成了领头羊。当时，我国核武器理论研究工作从零开始，他们面对的挑战可想而知。

回家后，他对妻子只说自己"要调动工作"，不能再照顾家和孩子，通信也困难。妻子能够理解，并表示坚决支持。从此，邓稼先的身影只出现在警卫森严的深院和大漠戈壁。

为了解开原子弹的科学之谜，在北京近郊，科学家们决心充分发挥集体的智慧，研制出我国的"争气弹"。

那时，由于条件艰苦，同志们使用算盘进行极为复杂的原子理论计算，为了演算一个数据，一日三班倒。算一次，要一个多月；算九次，要花费一年多时间，常常是工作到天亮。作为理论部负责人，邓稼先常慨叹说："唉，一个太阳不够用呀！"

两年后，他们的研究走到了关键之处，要寻找制造原子弹的一个关键参数。然而，上万次的方程式推算的结果与苏联专家的爆炸参数相差一倍，计算用的纸装进麻袋，堆满了几个仓库。终于，关键性的参数被确定，证实苏联科学家给的参数只是随口一说。

1964年10月16日，中国的第一颗原子弹按照邓稼先他们的设计，顺利地在沙漠腹地爆炸成功。

生死系于一发

邓稼先还经常到飞沙走石的戈壁试验场，还率领研究人员在试验后迅速进入爆炸现场采样，以证实效果。

常常在关键时刻，邓稼先不顾个人安危，出现在最危险的岗位上。例如，核武器插雷管、铀球加工等生死系于一发的险要时刻，他都站在操作人员身边，既加强了管理，又给作业者以极大的鼓励。

1979年的某一天，在某试验基地，新型核弹实验开始——飞机携带核弹直飞爆心。时间分分秒秒过去了，核弹却没有爆炸，很多人都惊住了。在场的技术人员正想询问邓稼先时，却意外地发现"老邓"正往试验场跑去。作为物理学家，他不是不知道辐射核心区有多危险，但是为了弄清楚原因，为了人民的安全和国家的荣耀，他头也没回，现场没有人能拉住他。摔碎的弹片散落在荒垣上，当值的防化兵没有找到核心部件，他先找到了。

在捧起碎弹体的那一刹那，生命的倒计时也启动了，他已经受过多次辐射伤害，但这一次是致命的。邓稼先被送进医院，检查结果显示白细胞内染色体呈粉末状，尿液有极强的放射性。医院的医生不解地问："这是吃了什么毒药了？毒性这么大，身体竟被破坏到这样？"

邓稼先什么都没有说，短暂的休息后又回到了戈壁滩。

1984年，他在大漠深处指挥中国第二代新式核武器试验成功。1985年，邓稼先回到北京，医生强迫他住院并通知他已患有癌症。

1986年7月29日，邓稼先不幸逝世，终年62岁。他临终前留下的话仍是如何在尖端武器方面努力，并叮咛："不要让人家把我们落得太远……"

朱光亚——他是祖国最耀眼的星

朱光亚（1924—2011），湖北省武汉市人。中国核科学事业的主要开拓者之一，吉林大学物理学创始人之一，"两弹一星功勋奖章"获得者，入选"感动中国2011年度人物"，被誉为"中国工程科学界支柱性的科学家""中国科技众帅之帅"。

"祖国在迫切地等待我们！"

1945年，美国向日本投掷两枚震惊世界的原子弹，加速了日本侵略者的投降，同时也唤起了中国人制造原子弹的梦想。此

时，朱光亚从西南联大物理系毕业，并留校任教。

抗战胜利后，蒋介石提出：中国也要做原子弹。于是，派人赴美考察，朱光亚是成员之一。可美国不允许外国人进入有关原子弹的各个科研机构。朱光亚最后决定继续从事核物理学的学习和研究。在美国密歇根大学攻读博士学位期间，他以全A的成绩连续4年获得奖学金。

"……让我们回去，把我们的血汗洒在祖国的土地上，灌溉出灿烂的花朵。我们的民族再也不是一个被人侮辱的民族了！……我们已经站起来了，回去吧，祖国在迫切地等待我们！"这些话来自1950年3月18日，毅然从美国归国的朱光亚联合51名旅美留学生牵头起草的《致全美中国留学生的一封公开信》。

此信仿佛是吹响了回国的集结号，让很多原本天平在摇摆的海外学子受到了感召，选择了新中国。

朱光亚认为："只有把个人命运与祖国命运紧密联系在一起，把自己的聪明才智献给祖国，个人的人生价值和理想才能实现。"1950年2月，他拒绝美国经济合作总署的旅费，回到新中国。

担任核武器研制科技领导人

1952年春，朱光亚被选调到中国人民志愿军朝鲜停战代表团秘书处当了一名翻译，参加了举世闻名的板门店谈判。他目睹了敌人利用手中的高科技和雄厚的军事实力，肆意屠杀中朝人民的惨剧，看到了科学在正义和邪恶殊死较量中的重要作用，从而进

一步激发了为中国强大的国防科技献身的坚定信念。

1959年6月，苏联单方面撕毁与我国签订的有关协定，撤走专家，我国原子弹科研项目被迫停止。党中央决策"自己动手，从头做起"，朱光亚受任中科院原子能所物理实验室的副主任；此后他又被任命为中国核武器研制的科学技术领导人，担任二机部核武器研究所副所长。当时，他只有35岁。

此后，从核武器研究所创业开始，朱光亚就一直担任我国第一颗原子弹研制的技术组织和领导工作。

"我这一辈子主要做的就这一件事：搞中国的核武器。"朱光亚曾回顾说。

实现原子弹、氢弹成功爆炸

当时，中国核武器研制处于大海捞针般的困境中。朱光亚等人从苏联专家一份报告中留下的"残缺碎片"研究起，使中国的原子弹理论设计、爆轰试验、中子源研制相继取得重大突破。

1962年，国内对原子弹工程是否"下马"出现了争论。关键时刻，朱光亚主持起草了中国研制原子弹的"两个纲领性文件"。毛泽东主席批示："很好，照办。"

1964年10月16日，一朵黄褐色的蘑菇云在中国西北戈壁滩腾空而起。朱光亚看着正在升腾的蘑菇云，不禁潸然泪下。中国从此进入了世界核武器国家的行列。

之后，朱光亚又组织力量研究氢弹。1967年6月17日，我国第一颗氢弹爆炸成功。从原子弹到氢弹，美国用了七年零三个月，苏联用了六年零三个月，中国只用了两年八个月。

挂帅进行我国第一次地下核试验

就在争分夺秒进行第一颗原子弹爆炸试验期间，朱光亚还开辟了另一条战线——地下核试验的准备工作。

正当中国研制第一颗原子弹的关键时刻，美、苏、英三国称，能够通过合作来阻止中国获得核能力。

朱光亚组织调研分析指出，美、苏、英就是妄图把中国核武器事业扼杀在摇篮里。因此，我国不但不能禁试，而且要抓紧时机，尽快掌握地下核试验技术。

1969年9月23日，在朱光亚的领导下，中国成功地进行了第一次地下核试验。他还非常重视贯彻"一次试验，多方收效"的方针，使我国能依靠较少次核试验，取得更多对核爆过程的规律性认识，对加快核武器的发展起到了关键作用。

2004年，为表彰朱光亚对我国科技事业特别是原子能科技事业发展做出的杰出贡献，国际小行星命名委员会批准将10388号小行星正式命名为"朱光亚星"。

姚桐斌——为火箭作嫁衣

姚桐斌（1922—1968），江苏省无锡市人。冶金学和航天材料专家，火箭材料及工艺技术专家，"两弹一星"元勋之一。他为我国导弹与航天事业的发展提供了技术贮备。在坚持文明科研生产，培养严肃、严格、严密作风方面起到了率先垂范的作用，为航天材料与工艺技术的发展做出了重要贡献。

有人把火箭材料比作衣服，质量好的衣服经久耐磨，让人有安全保障，而就有这样一个人，为火箭嫁衣呕心沥血几十载，为中国火箭事业做出了不朽的贡献，他就是姚桐斌。

1922年，姚桐斌出生在江苏省无锡市黄土塘镇，家境十分贫寒。1939年，他考进了江西省国立十三中的高中部。1946年，获得公费留学英国的资格。1954年，他到联邦德国亚琛工业大学学习，扎实严谨的学术基础和工作作风给同事们留下了深刻的印象。

1957年回国后，聂荣臻元帅通过国务院专家局，指名要姚桐斌到成立不久的导弹研究院工作，负责筹建我国第一个航天材料工艺研究所——703所。姚桐斌去报到时，那里还只是一个材料研究组，该组只有12名大学生和一台显微镜。有人问这位归国专家为什么

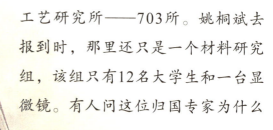

到这么个小单位工作，他回答："我回国不是为地位和金钱，而是要把学到的知识奉献给国家建设。"

拿下"拦路虎"

703所的任务是火箭材料和工艺。20世纪50年代，我国的材料工业水平不高，连一些低合金钢都生产不出来，更谈不上航天材料了，因此，火箭材料均是从零开始，其工作难度可想而知。研究所成立后，姚桐斌被任命为所长。对实验室的设计，仪器设备的购置，科研规章的建立，科技人员的培训等，他都事必躬亲，不知有多少个夜晚，他都忙得回不了家。

有一种高温钎焊合金材料，当时的苏联在中苏友好时期就对中国严加保密，不肯透露它的成分和工艺。苏联专家曾带着几分怜悯的口气说："材料成分嘛，不能告诉你们，其实就是告诉你们也没有用。这样吧，你们需要时，向我们订购好了。"

1960年，赫鲁晓夫撕毁合同，撤走在中国各部门的专家，并带走所有的图纸资料。当然，这时即使订购也不可能了，这种材料成了发展航天材料的一只"拦路虎"。

姚桐斌咽不下这口气，在新型号火箭制造急需的情况下，他亲自部署了这场战役。这就是18年后，在姚桐斌被追认为烈士的当天，全国科学大会上获得重大成果发明奖的高温钎焊合金。高温钎焊合金的性能和质量在世界同类产品中也是佼佼者，时至今日俄罗斯仍对它的成分保密。美国一家杂志曾经刊载一篇报道，说高温钎焊使"阿波罗"上了天。

称预先研究就像开饭馆

姚桐斌主张有计划按比例地安排当前研究和预先研究，多次强调预先研究的重要性。

他多次以开饭馆为例向所内人员说："设计人员好比顾客，他点一道菜，你说，我还不会做哪！我还要去买肉、买菜、养鸡下蛋，那怎么成？你这个开饭馆的必须事先摸清顾客想吃什么，事先准备好肉、菜、蛋，事先学会怎么炒出来。这样顾客点了这道菜后，你不就马上能够拿出来了吗？"他认为材料研究应先于火箭设计试制，不仅应考虑现有型号的火箭材料，同时应开始为新型号的火箭材料作准备。

姚桐斌还列举了当时苏联和美国火箭技术发展的经验后说，研究与发展所需周期较长，设计与生产所需周期可大大缩短。因此，他主张加强预先研究，要有技术储备。

预研课题80％后来用上了

除高温钎焊合金外，姚桐斌在703所还主持开展了许多项科研课题，包括新型不锈钢、钛合金、高强铝合金、复合材料、难熔金属焊接新工艺，化学铣切工艺，密封件、金属软管、波纹夹层结构、蜂窝

结构，等等。这些都是他在排除阻力克服困难的情况下，极力坚持才得以开展或完成的，可以想象是多么的不容易！这些课题的成果，有的在稍后的远程火箭以及第一颗通信卫星上开了花，结了果。

从1961年到1964年，703所共开展了500余项课题研究和技术攻关，取得了一大批科研成果，打破了外国的技术封锁。

姚桐斌领导研究的钛合金高压容器一直在我国历代航天产品上得到广泛的应用，对减轻火箭结构重量，增加卫星有效载荷起到了重要作用。他主持了液体火箭发动机材料的振动疲劳破坏问题的研究，并将其成果应用到火箭型号的研制工作上，对火箭部件的设计、选材和制造起了指导性的作用，为我国火箭及卫星研制提供了材料保证。

20世纪80年代曾做过一个统计，当年姚桐斌主持提出的预先研究课题，约80%已用在火箭项目上了。

"当年出国就是为了现在回国"

1963年，姚桐斌出国参加一个国际学术会议时，遇到了英国、德国的冶金专家。有人问他，为什么当初舍弃我们那些良好的科研条件而回中国去，他回答说："我是中国人，当年出国就是为了现在回国。现在中国还比较落后，但将来中国会强盛起来。"

就是这样一位淡泊名利、废寝忘食、专心致志地搞科学研究的人，在"文化大革命"时期却无法躲避政治的漩涡，1968年6月8日惨遭毒打致死，时年46岁。

宋文骢——"歼-10之父"

宋文骢（1930—2016），原籍云南省大理白族自治州，生于云南省昆明市。中国工程院院士，何梁何利基金科学与技术进步奖、航空报国金奖、国防科学技术特等奖、航空航天月桂奖终身奉献奖获得者，"感动中国2009年度十大人物"之一，曾任中国航空工业第一集团公司成都飞机设计研究所首席专家、自然科学研究员，是中国著名的歼-10战斗机总设计师，被誉为中国"歼-10之父"。

随着中国的强大，科技力量的进步，现在，我们已经研制出了多种型号的先进战斗机，其中一种是由中国专家自主研制的单发动机、轻型、多功能、超音速第四代战斗机——歼-10，它的总设计师叫宋文骢，被誉为"歼-10之父"。

为了战友凯旋，立志献身航空事业

1951年，年仅21岁的宋文骢从空军航校毕业后奔赴朝鲜战场，成了一名空军机械师。

在战斗中，他亲眼看见我军一些英勇的飞行员在执行任务中光荣牺牲，他心里明白，如果我们的战斗机少一点故障，质量和性能再提高一些，可能这些优秀的战友就会凯旋。从此，他立下了献身航空事业，为国家研制新一代歼击机的宏伟志向。

1959年，在哈尔滨中国人民解放军军事工程学院完成了5年大学生活的宋文骢踌躇满志，开始了他一生的航空生涯。

跟在别人屁股后面跑，永远没出路

宋文骢的最大特点就是走前人没有走过的路。他永远保持着创新意识，坚持走自己研制的路子，使我国新机研制能力提高了一大步。20世纪80年代中期，56岁的宋文骢被国家任命为重点型号工程——歼-10战斗机总设计师。

当时，歼-10战斗机的设计面临两种发展选择。一种选择是模仿，用这种方法，在我国航空发展史上也做出了很大的成绩，但是一味地跟在别人屁股后面跑，距离国际先进水平差距只会越来越大；另一种选择是创新，就是在分析潜在威胁和国际先进技术发展方向的基础上，针对国情研究我空军将来如何作战，仗怎么打，有对策地发展自己的歼击机，快步赶上世界先进水平。

宋文骢决定：走第二条路，创新！他一直以敏锐的目光关注着世界航空的发展动向，他深刻地意识到，研制一架飞行性能

好、作战能力强的歼击机，最重要的一点就是选择切实可行的总体气动布局设计方案。简单地说，气动布局就是指飞机的各翼面，如主翼、尾翼等如何放置，主要决定飞机在跟敌机对战时够不够机动灵活。为此，宋文骢率先提出了新式气动布局总体设计方案。

全新的气动布局方案、高度综合化的航空电子系统，以及一批新工艺、新材料、新成品的大量运用，让歼-10的研制难度，超乎想象。

苏-27再好，也是别人家的孩子

而就在研制中途，歼-10差一点被打入冷宫。

1989年，中央军委组织了一个庞大的军事代表团，前往苏联考察，宋文骢也在其中。考察时，苏-27SK这种新锐战斗机给中国空军的印象是无比震撼，带油量大、机动水平高，对当时的中国空军而言，惊为天人！

代表团回到北京后，就有不少空军将领在会议上提出苏-27性能优异，要大量进口，而歼-10干脆下马别搞了，把钱省出来买苏-27更合算。

对于这种观点，宋文骢反驳说，苏-27的确性能优异，但是和歼-10相比性能各有所长，苏-27是替代不了歼-10的，两者应该是相互配合。军委领导亮明观点：苏-27再好，也是别人家的孩子，无论如何，就是再困难，歼-10也要搞下去！

研制歼-10战斗机的每一天都是在战斗，在紧张的试验之中，在忙碌的总装现场，在成百上千次的试飞过程当中，在疲惫的灯光之下，宋文骢凭着一腔热血和精益求精的完美主义，不畏艰难，终于设计出属于中国人自己可以笑傲长空的战斗机。

为保密隐瞒家人数十年

1998年3月23日，歼-10成功完成了首飞。那一天，包括宋文骢、试飞员雷强在内的很多人都喜极而泣。这么多人集体流泪，这个震撼的场面被记者用相机捕捉下来，永远定格在中国航空事业的光辉历史上。

宋文骢毕生的精力，都化作了为祖国拼搏的战斗力。他从事了几十年的飞机研制工作，但由于保密等原因，父母和兄弟都不知道他到底是做什么工作的。有一年，弟弟去探望他，无意间看见书柜里有几本医学类书籍，回去后便对家人说"哥哥现在可能已经改行当牙医了"。

直到国家对歼-10战机进行适度解密后，一些媒体在报道中将宋文骢称为"歼-10之父"，家人才恍然大悟：原来，他几十年来一直在默默地为国家研制战斗机！

杨伟——运筹帷幄的帅才

　　杨伟（1963—），安徽省芜湖人。现任中国航空工业集团公司科技委副主任，中巴联合研制的"枭龙"飞机总设计师，中国航空工业第一集团公司成都飞机设计研究所总设计师兼常务副所长，研究员。四川省第八次党代会代表。2017年3月23日，巴基斯坦总统马姆努思·侯赛因授予杨伟"卓越之星"国家荣誉奖章。2017年5月，获得全国创新争先奖。

　　在成都飞机设计研究所设计大楼前，矗立着英姿飒爽的战鹰模型，歼-10战斗机、歼-10双座战斗机、"枭龙"战斗机……

　　每当走进设计大楼，杨伟都会不由自主地向楼前投去深情的一瞥。这些先进的新型战机，已经与他血脉相连，成为他生命中不可分割的一部分。

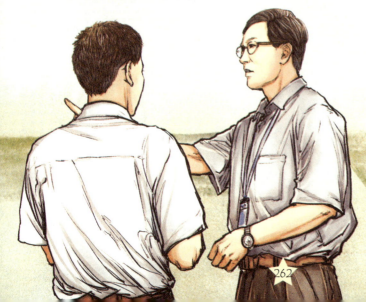

　　1985年，杨伟以优异的成绩毕业，分配到了成都飞机设计研究所。他主动找到宋文骢总设计师，请求做他的助手。宋总当时愣了愣，一个还没正式报到的新入所研究生，在1 800多人的研究所里直接向他"要"工作，这种情况他还从来没有碰到过。近60岁的宋总和气地打量着22岁的杨伟，没说好还是不好，而是把他安排到了一个新成立的研究室。

杨伟去的研究室正是为了国家重点型号飞机的研制而刚刚成立的，直接对应的是四大关键技术之一的数字式电传飞控系统的研制。

数字式电传飞控系统是先进歼击机的典型标志，是我国新型飞机具有国际先进水平的核心技术，直接影响飞机的飞行安全和全机研制工作的成败，技术难度相当大，风险也很高。世界上先进国家采用数字式电传飞控系统的飞机都遭遇过严重挫折，西方国家对我技术上更是严密封锁。

当时有一位外国专家断言：中国科技人员不可能过"电传操纵"这一关。还有人说：中国人研制飞机的水平还停留在小学阶段。

各种各样的议论传到杨伟耳里，引起他心中的刺痛，更激起他奋斗的豪情。

杨伟在研究所的第一个课题是对飞机在紊流中的影响分析。这虽然不是高精尖的课题研究，但也极具应用价值。他像一个在岸上鼓足了干劲的游泳健将，长吸一口气，一个猛子扎进水里。两个月过去，课题圆满结束，计算结果令大家非常满意。

3个月后，研究所里新成立一个4人研究小组，确定飞行控制系统的结构。杨伟被提升为组长。一个才来研究所5个月的研究生，就这样开始独当一面了。

　　随着某重点型号飞机研制进程的推进，研究所决定开辟新的研究领域。于是，研究室从杨伟的组里抽调了一大半人。看着自己的战友离开已发展很好的专业，他想着想着就有了情绪，最后他决定去日本留学。

　　手续办得非常顺利，最后只等签证了，研究室主任心有不舍，但还是默许了。他最后交给杨伟一个新的课题，希望他能把方案做完了再走。杨伟不想辜负主任一直以来的信任，接下了任务。

　　方案做完了，在汇报会上，主任让杨伟把方案向宋文骢总设计师做了详细汇报。宋总说，非常不错。主任借机说，他要走了。

　　散会后，宋总把杨伟喊到面前，温和地看着他说："别走了！"

　　三个字，短促有力，浓厚深情，一个长者对一个年轻人的呵护、爱惜，一个毕生致力航空事业的前辈对一个执着追随者的欣赏、鼓励，一个领导对一个下属的期望、要求都包含在里面。

　　成都飞机设计研究所是一个型号研制牵头汇总的主机所，需协调的全线参研单位共有120多家。后来每到一个单位，每见到一位领导，宋文骢总设计师都是这样向对方介绍杨伟的："这是杨伟，将来是要接我的班的。"

　　于是杨伟继续奋勇攻关。他把工作之余的时间全部用来吸取学习新知识，刻苦钻研，在查阅、摸透大量技术资料的基础上，带领课题组的科技人员设计、计算出十多种不同的方案，攻克了飞控系统一系列关键技术，实施了全系统数字仿真和原理试验。

他主持研制了地面综合动态试验设施——铁鸟台。这是飞控综合仿真试验、模拟试验设施，在我国首次研制成功，被评价为"功能齐全、手段完善、效率高，是国内最先进的飞控试验设施"。

杨伟渐渐成长为中航工业的中坚力量，肩负起多个重大型号飞机总设计师的千钧重担。他既是一个身体力行的"拼命三郎"，更是一名运筹帷幄的帅才。

2001年，国防科工委任命杨伟为歼-10双座型战斗机总设计师。与此同时，我国与巴基斯坦政府达成一致，由中巴双方共同投资开发、全新设计的先进多用途"枭龙"战机也加快了研制步伐，当时中国一航任命杨伟为"枭龙"战斗机总设计师。

2003年12月歼-10双座战机如期成功、实现首飞。

2003年8月25日"枭龙"战机首飞成功。

"枭龙"战机从冻结技术状态到实现首飞历时23个月，创造了我国飞机研制历史上的奇迹。同时，"枭龙"战机达到了世界先进水平，引起全球瞩目。

还未洗去征尘，杨伟又投入到中国第四代重型战斗机歼-20的研制工作中。

2016年11月1日，歼-20战机在第十一届珠海航展首次进行空中飞行展示。两架歼-20战机做了公开双机飞行，不仅在现场引起轰动，也立刻受到西方媒体的大量报道。歼-20是中国现代空中力量的代表作，也进入了世界最先进战机行列，成为中国国防能力高速发展的一个象征。

罗阳——国有重器以命铸之

罗阳（1961—2012），辽宁省沈阳市人。研究员级高级工程师，歼-15舰载机工程总指挥，沈阳飞机工业（集团）有限公司董事长、总经理、党委副书记。2012年11月25日12时48分执行任务时，突发急性心肌梗死、心源性猝死，经抢救无效，在工作岗位上因公殉职，终年51岁。中共中央总书记、中央军委主席习近平2012年11月26日做出重要指示，要求党员学习罗阳的优秀品质和可贵精神。2012年，被选为"感动中国2012年度人物"。

歼-15从空中俯冲急下，瞬间降速至零，稳稳停在航母"辽宁舰"上——2012年11月24日，中国首批舰载机全部完成航母起降训练，圆了几代航空人让战机从陆地跨向海洋的梦想。

一天之后，"辽宁舰"返航。罗阳，这位舰载机研制现场总指挥、中航工业沈飞公司董事长，突发心梗，以身殉职，年仅51岁。

才见虹霓君已逝，英雄谢幕海天间。"辽宁舰"成为他一生战斗的最后阵地，歼-15成为他航空报国的最后见证。

正当壮年的生命，默默坚守的足迹，慷慨献身的悲壮——无数人为他落泪，被他感动。他所蕴含的正能量，在现实和虚拟空间被反复传递。他所承载的精神，与航母、舰载机一起，激发着人们的爱国之情。

罗阳出生于军人家庭，长在部队大院。"报国""忠诚""奉献"，他的身体里早早融入这样的文化。1978年高考，他本可以报考名气更大的院校，但最终在志愿栏里填写上"北京航空航天大学"。

"不是唱高调。学航空、干航空，谁不想亲手造出飞机，谁没有一个航空梦？"他的校友、歼-15常务副总设计师王永庆说。

1982年，罗阳毕业分配到中航工业沈阳所第九设计室。没过多久，赶上歼8Ⅱ研制，他被吸收到设计团队，从事座舱盖研发。钻到地下室里，他一干就是好几个月。设计出图纸后，要到沈飞跟产。那时没有汽车，自行车也凑不齐，他和同事们每天早晨列队跑步十几里路到沈飞。他对原沈阳所所长刘春义说："我真幸运，刚来就能参与这么重要的任务。"

干航空，最怕的不是辛苦、不是清贫，是没事干。航空工业曾有过近10年的低谷期，几年等不来一个新型号，没有几项新任务。为了给员工发工资，军工企业去生产洗衣机、塑钢窗、蒸锅、菜刀。那段日子，很多人离开了。罗阳工作的沈阳所，77级、78级的大学毕业生流失了2/3还多。

他留了下来。拿着每月几十元的工资，默默积蓄着力量。工作任务吃不饱，他千方百计去找国外资料来翻译。英文、俄文的大部头，他一点点攻下来。有人打趣，"你何必这么辛苦"。他回答："我笨，笨鸟先飞就靠这个呀。"还有人劝他跳槽，他则回到北航攻读硕士学位，继续充电。

经历长长的等待，当担子忽然压上来时，不难想象他有多兴奋。

他如饥似渴地投入到型号任务中。2002年，他调至中航工业沈阳飞机工业集团有限公司，数个重点型号同时研制，他一天比一天忙。刘春义住在他家后排楼上，看到他回家越来越晚，问他是不是把自己逼得太狠、压力太大。他说："研制新装备乐趣无穷，任务再多也开心。"

　　10年间，他在沈飞担任了多个重点型号的研制现场总指挥，他和班子成员一道，带领沈飞实现了歼击机从二代机到四代机的跨越，年营业收入从20亿元增加到120亿元。

　　每人心中都有一个属于自己的中国梦。罗阳不止一次讲述过他的梦想，那是一代航空人共同的报国梦想——让中国航空工业和世界最强者的差距，从"望尘莫及"到"望其项背"，力争未来能够"并驾齐驱"。

　　罗阳参加工作时，中国和国外顶尖航空制造企业的差距，曾让出国考察的同事灰心得直想哭。现在，中国则在不断创造奇迹，一步步缩短差距。

　　罗阳真的太累了。

　　这是他最后的行程——11月17日22时，参加完珠海航展的他返回沈阳，没来得及回家看看，就连夜赶到舰载机所在基地。在那里，他把应急保障团队成员召集来，对舰载机进行又一轮细致检查，直至18日凌晨3时。早上，同事们起床，发现他已在岸边观察天气。

　　11月18日早上8时许，罗阳上舰。他把行李扔到床上，坐都没坐一下，转身便上了塔台。这一天，他对相关环节全面监测，几乎不曾停下脚步。同事劝他："别着急，反正白天黑夜都在舰上，慢慢看。"他摇头："我上舰晚，不了解的东西太多了，必须抓紧。"

　　舰上7天，每个深夜，罗阳房间里的灯都要到近凌晨3时才熄。他留下的最后一本笔记里，记满了数据和规划。舰载机降落，外人看到的是雄健的身影，航母上的人所感受到的，则是巨

大的震动和难以忍受的轰鸣。测试人员以外的人，通常会选择站在一个声音相对小的地方，但罗阳不是。他总想离得近些再近些，零距离观测舰载机着舰的落点和状况。谁也不知道，他的心脏一次次承受着怎样的冲击？

舰载机项目启动时，国内完全是空白。获取国外现成的技术，想都别想，即使是资料也没有。造出来、飞起来、落得下，成千上万个环节都是未知领域，都要绞尽脑汁去钻研。

起飞，如箭直刺长空；着舰，如鹰稳稳抓板。歼-15首批次应用演练，次次成功！外媒纷纷表示惊叹。舰载机的损耗率，即使在应用成熟的国家，仍高达10%以上。

歼-15的研制速度，出乎很多人预料。设计周期，比过去缩减了6个月。制造周期，比过去缩减了4个月。入列运行，国外预测至少要一年多，歼-15仅用2个月。

2012年11月25日上午，随中国首艘航母"辽宁舰"参与舰载机起降训练的罗阳，在大连执行任务时突发急性心肌梗死、心源性猝死，经抢救无效，于12时48分在工作岗位上殉职。

在生命的最后一个月里，他不知疲倦，劳心劳力，没有一刻休息，直至生命的最后一刻。

罗阳是英雄。前20年研发设计飞机，后10年制造生产飞机，他的一生奔跑在航空报国的跑道上，取得一项项历史性突破。就在歼-15入列飞行前，罗阳作为研制总指挥，曾创造了4天之内实现两个重点型号成功首飞的奇迹！

复兴路上，中国梦引领一代代人奋发前行！

杨利伟——中国遨游太空第一人

杨利伟（1965—），辽宁省葫芦岛市绥中县人。他是中国培养的第一代航天员，在中共十七大上当选为中央候补委员。2003年10月15日北京时间9时，他乘由"长征二号"F火箭运载的"神舟五号"飞船首次进入太空，象征着中国太空事业向前迈进一大步，起到了里程碑的作用。

2003年10月15日5时28分，酒泉卫星发射中心航天员公寓问天阁广场，身着乳白色航天服的杨利伟迈着从容而稳健的步伐，向中国载人航天工程总指挥李继耐走去。

"总指挥同志，我奉命执行中国首次载人航天飞行任务，准备完毕，待命出征，请指示。中国人民解放军航天员大队航天员杨利伟。"

"出发！"随着总指挥庄重下达的命令，杨利伟大声答："是！"一个标准的军礼，定格在共和国的航天史册上。

这是一次英雄出征。这是一次伟大出征。这是杨利伟历经磨炼征服太空之旅。

杨利伟出生在辽宁省绥中县。绥中县靠近渤海湾，大海养育了他，同时也塑造了他刚毅质朴、沉静温雅的性格。儿时，面对蓝色的大海，他有一个梦想，期望有一天，能像海鸥那样，向着蓝天飞去。

1983年，杨利伟考进了空军第八飞行学院。经过四年的刻苦学习和训练，他最后成了空军一名优秀的歼击机飞行员。儿时的梦想成了现实。

1996年的初夏，杨利伟接到通知，参加航天员初选体检。他没有想到，儿时的飞翔蓝天的梦想，会飞得那样遥远，飞向了遥远的太空。

杨利伟为这个梦想而激动。然而，加入这支队伍并不是容易的。航天员的选拔近乎"苛刻"，要"过五关斩六将"。医学临床检查，要对人体的几十个大大小小的器官逐一检查。航天生理功能检查，被人们形象地称为"特检"：在离心机上飞速旋转，测试受试者胸背向、头盆向的各种超重耐力；在低压试验舱测试受试者上升到5 000米、10 000米高空时的耐低氧潜质；在旋转座椅和秋千上检查受试者前庭功能；进行下体负压等各种耐力测试。几个月下来，886名初选入围者已所剩无几。

杨利伟的临床医学和航天生理功能各项检查的指标都到达优秀。1998年1月，他和其他13名空军优秀飞行员一起，成为中国第一代航天员。

2003年7月，杨利伟经载人航天工程航天员选评委员会评定，具备了独立执行航天飞行的潜质，被授予三级航天员资格。

从来没有一次飞行，像杨利伟那样，牵动着亿万人的心。

从来没有一次飞行，像杨利伟那样，振奋着亿万人的心。

2003年10月15日晨，杨利伟进入飞船，按照规定程序有条不紊地进行着发射前的各项检查。

8时59分，0号指挥员下达了"1分钟准备"的口令。火箭即将点火。指挥大厅里充满紧张气氛，许多观看飞船发射的人，紧张得连大气都不敢出。一切在瞬间仿佛凝固了。

指挥大厅里传出了清晰的口令："10、9、8、7、6⋯"这时，屏幕上出现杨利伟向大家敬了一个标准军礼的画面，全场顿时掌声雷动。一位老专家激动得满眼泪花，不住地说："杨利伟，好样的！"

飞船起飞了，飞向了太空。从飞船的舷窗往外望去，杨利伟看到了深邃而美丽的太空。他激动地告诉大家："我看到美丽的太空了。"

专家们惊讶地问航天员系统总指挥兼总设计师宿双宁："你

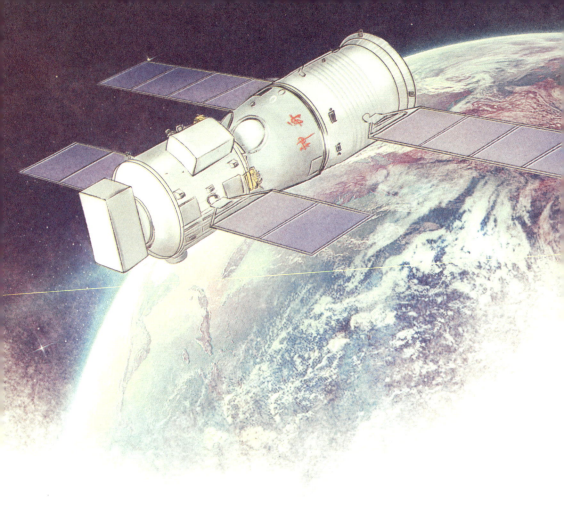

们的航天员训练得这么好，连这都知道？"宿双宁自豪之情油然而生："开玩笑，你都知道，他还能不知道？！"

为了这个"都知道"，杨利伟付出了太多的艰辛和巨大的努力。

"神舟五号"飞船发射准备阶段，经专家组无记名投票，杨利伟以其优秀的训练成绩和综合素质，被选入"三人首飞梯队"，并被确定为首席人选。

杨利伟全身心地投入了"强化训练"。"飞船模拟器"成了杨利伟的"家"。飞船模拟器是在地面等比例真实模拟飞船内环境，对航天员进行航天飞行程序及操作训练的专业技术训练场所。飞船从发射升空到进入轨道，再调姿回到地球，持续时间几十个小时甚至上百个小时，飞行程序指令上千条，操作动作有100多个。舱内的仪表盘红、蓝指示灯密密麻麻，各种线路纵横交错，各种设施星罗棋布。要熟悉和掌握它们，并能进行各种操作和故障排除，只有靠反复演练。

于是，杨利伟把能找到的舱内设备图和电路图都找来，贴在宿舍墙上，随时默记。他还用小型摄像机把座舱内部设备和结构拍录下来，输入电脑，刻制了一张光盘，业余时刻有空就放来看。

他自信地告诉记者："此刻我一闭上眼睛，座舱里所有仪表、电门的位置都能想得清清楚楚；随便说出舱里的一个设备名称，我立刻能够想到它的颜色、位置、作用；操作时要求看的操作手册，我都能背诵下来，如果遇到特殊状况，我不看手册，也完全能处理好。"

正因为杨利伟对飞船飞行程序和操作程序烂熟于心，在21小时23分钟的飞天之旅中，他的全部操作没有出现一次失误。

飞船绕着地球90分钟一圈高速飞行。一会儿白天，一会儿黑夜。黑白交替之间，地球边缘仿佛镶了一道漂亮的金边，景色十分迷人。杨利伟拿起摄像机，赶紧把这壮观的景色拍摄下来。他不由得从心里升腾起从未有过的强烈自豪感，为中国人飞上太空感到骄傲。他郑重地在飞行手册上写下了"为了人类的和平与进步，中国人来到太空了！"

飞船飞行到第七圈时，他又在太空展示了中国国旗和联合国旗，表达了中国人民和平利用太空，造福全人类的美好愿望。

飞船总设计师高度评价杨利伟的太空飞行："不是一般的成功，而是十分成功；不是一般的完美，而是十分完美。"

"我为伟大祖国感到骄傲！"这是杨利伟回到地面后向欢迎的人们说出的肺腑之言。

航天员大队是个团结和睦的群体。在这个群体里，杨利伟享

受着温暖，同时也把温暖给予大家。他始终把自己看成是航天员大队中的普通一员。在被选为首飞航天员后，他说，我是代表13位航天员出征太空的。

因此，在太空飞行中，他的心和战友们一向紧紧相连。按照预定的太空飞行计划，杨利伟在太空有5小时的休息时刻。但他只睡了半小时。他说，首次太空飞行，机会太难得了，我要尽可能地体验太空飞行，为战友们将来上太空做准备。

10月16日，杨利伟成了全国人民心目中的民族英雄。那天，他回到北京航天城时已是晚上。21小时太空之旅的极度疲劳尚未消除，他就给训练航天员的教员们一个个打电话，向教员们汇报自己在太空的状况。而此时电视里已全是他的新闻和形象，他却仿佛什么都没有发生。

这就是航天英雄杨利伟。记者曾问他，你对航天员的职业怎样看？他说，在飞天的征程上，不仅仅充满了艰辛，风险也时刻存在，许多勇士还为此付出了生命，但征服太空是航天员的神圣使命，作为一名军人，就是要时刻准备奉献和牺牲。

11月7日，当祖国和人民给予航天英雄杨利伟以最高荣誉时，他说出了自己的心里话："感谢祖国和人民对我的培养，光荣属于祖国，光荣属于人民，光荣属于千万个航天人。我为祖国感到骄傲。我将继续发奋工作，时刻准备完成祖国和人民交给我的任何任务！"

刘洋——太空中的百合花

　　刘洋（1978—），河南省郑州市人。毕业于空军长春飞行学院，中国首位女航天员。2012年6月15日下午，中国载人航天工程指挥部宣布，男航天员景海鹏、刘旺和女航天员刘洋，将组成飞行乘组，执行"神舟九号"与"天宫一号"载人交会对接任务。她主要在执行手控交会对接的时候进行监视、支持。除此之外，在长达13天的飞行任务中，她还承担科学实验任务。2013年2月1日，当选为"2012中华儿女年度人物"。

2016年8月30日，当选为全国妇联兼职副主席。

　　刘洋，1978年10月出生，1997年8月入伍，2001年5月加入中国共产党，现为中国人民解放军航天员大队四级航天员，少校军衔。曾任空军某飞行大队副大队长，安全飞行1 680小时，被评为空军二级飞行员。2010年5月正式成为中国第二批航天员。经过两年多的航天员训练，她完成了基础理论、航天环境适应性、航天专业技术、飞行程序与任务模拟训练等八大类几十个科目的训练任务，以优异成绩通过航天员专业技术综合考核。2012年3月，入选"神舟九号"任务飞行乘组，2012年6月16日，她被选为中国第一位飞天的女宇航员。

　　高挑、白皙、短发、秀气的单眼皮，33岁的刘洋身着浅蓝色衬衫坐在两位男航天员旁边，像绿叶丛中一朵盛开的百合花。实际上，飞行并不是她最初的梦想。曾想过要当律师、售票员、白领丽人的小姑娘，在高三那年阴差阳错地一路过关斩将成了中国第七批女飞行员。2001年夏天，从航校毕业的她成为飞行部队一名运输机飞行员。安全飞行1 680小时，是她写在蓝天上的骄人历史。

　　女飞行员中80%都是独生女，刘洋也不例外。但她从来不娇气，4年的航校学习，从来不让父母看望她。还记得第一次跳伞之前打电话回家，母亲在电话那头轻描淡写地说："不就是跳伞嘛，没问题，安全得很。何况有教员在，我们很放心。"她当时还有点委屈，跳完了，反而不急于打电话报平安。到晚上打电话，才知道，爸妈一天都等在家里没有上班。听到刘洋的声音，

爸爸在电话那头激动地说："好，好，好，平安下来就好。"妈妈拿起电话，一句话也说不出来，双泪长流。"雏鹰在家的庇护下，怎么也不能高飞。"第一次跳伞后，刘洋写信回家这样对父母说。

一次，刘洋驾驶着战鹰在进行仪表飞行，飞机离地10米左右，刘洋刚刚发出"收起落架！"的口令，便听到"嘭"的一声，一股鲜血直喷到挡风玻璃上。瞬间，座舱内便充满了焦煳味，她凭直觉判断：飞机撞鸟了。紧接着，机械师报告："右发温度升高，动力下降。"在危急情况下，她表现出了一个年轻飞行员少有的镇定，集中精力保持飞机状态，和机组人员密切协同，采取正确的方法着陆。11分钟后，终于使飞机在跑道上成功降落。下飞机一检查，飞机一共撞上了18只信鸽，有两只被吸进了吸气道。如果当时处理不当，后果不堪设想。

2009年，中国第二批航天员选拔悄然启动。经过层层选拔，技能娴熟、个性开朗的刘洋与另一名女飞行员王亚平成了中国首批女航天员。还是飞行员的时候，刘洋觉得自己是离天空最近的人。迈入航天员队伍她才知道，从天空到太空，还有太远太远的路。

训练的严酷超出她的想象：转椅训练过去在飞行部队也有过，为时4分钟，而航天员的转椅训练每次持续15分钟，对谁而言都是一道难过的关。"5分钟好像是我的极限点。听到4分钟报时，我突然浑身冒汗，像晕车一样说不出的恶心，但我不能吐，更不能喊停。教员说过不行了就喊停，但从第一批航天员到我们这批航天员，没有人中途停过。因为身体对转椅会有一种条

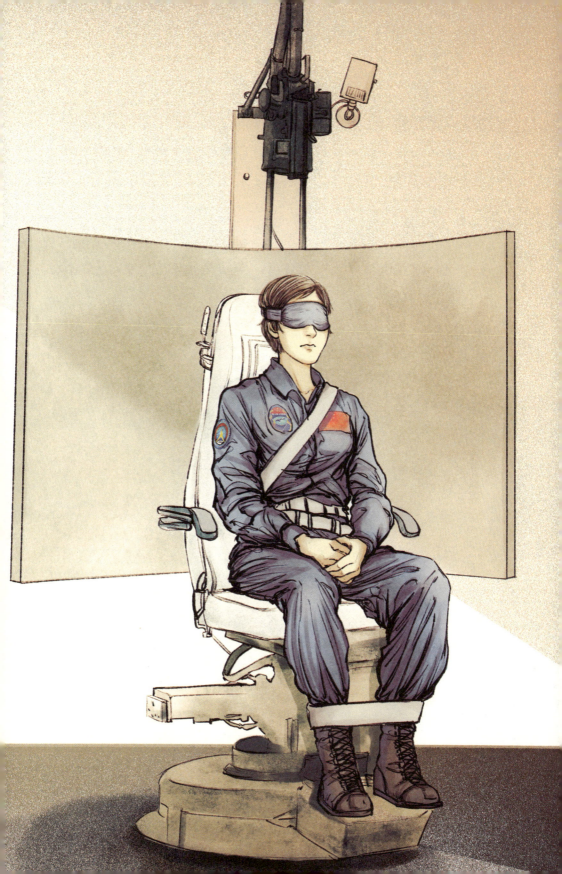

件反应式的记忆，如果你第一次呕吐或停止，下一次就很难坚持了。"刘洋回忆说，"我只好拼命转移自己的注意力，幻想自己站在美丽的海边，看夕阳，看浪花。第一次挺了过去，第二次好多了，后来就一次比一次顺利了。"

太空环境不会因为性别不同而区别对待。刘洋像男航天员们一样日复一日挑战极限、对抗负荷。如果没有对飞行的热爱，很

难坚持到底。

2012年6月15日下午，中国酒泉卫星发射中心航天员公寓问天阁内，隔着透明的全景落地玻璃，刘洋和"神舟九号"飞行乘组两名男航天员景海鹏、刘旺一道首次公开亮相，与中外记者见面并回答问题。3名航天员都身穿蓝色的航天员训练服，绣于胸前的五星红旗格外鲜艳夺目。从他们挥手入场到作别离去，记者们长枪短炮的"咔嚓"声就没有停歇过，女航天员刘洋的一颦一笑则理所当然地受到更多青睐与关注。

刘洋认为，虽然男女有别，但挑战对每名航天员都一样，太空不会因为女性的到来而降低它的门槛，太空环境不会因为你是女性而对你特殊照顾。

两年多的航天员生活，她们既要学习大量的理论知识，又要进行极具挑战的航天环境适应性训练，还要接受非常严格的"零失误零差错"的技能考核，可以说，每一次训练都是一次考验。她们付出了艰辛的努力，并且女性更认真、更细致、更坚韧、感觉更灵敏的特点，也为她们战胜种种困难增添了信心和力量。

6月16日下午，"神舟九号"3位航天员整装待发，刘洋坐在景海鹏、刘旺旁边，犹如美丽的百合花给世界留下了中国人征服宇宙的壮丽画面。在太空的日子里，她心理稳定，操作细致，与景海鹏和刘旺配合默契。转笔、骑自行车、打太极，更让人们看到刘洋活泼的一面。6月29日，"神舟九号"飞船成功返回地面，而她在太空的这一曲"舞蹈"，震惊了世界。

景海鹏、陈冬——太空失重33天

景海鹏（1966—），山西省运城人。1985年6月，参加中国人民解放军。曾任空军某师某团司令部领航主任，安全飞行1200小时，被评为空军一级飞行员。2008年9月，执行"神舟七号"载人飞行任务，获得圆满成功。获得"英雄航天员"称号。2012年3月，入选"神舟九号"任务飞行乘组；6月，圆满完成"神舟九号"飞行任务。2016年10月17日至2016年11月18日期间执行"神舟十一号"飞行任务，任指令长，获得圆满成功。12月26日，中共中央、国务院、中央军委给景海鹏颁发一级航天功勋奖章。

陈冬（1978—），河南省洛阳市人。1997年8月，参加中国人民解放军。1999年4月，加入中国共产党。现为中国人民解放军航天员大队三级航天员，上校军衔。2016年10月17日至2016年11月18日期间执行"神舟十一号"飞行任务，获得圆满成功，这也是陈冬首次参加载人飞行。12月26日，中共中央、国务院、中央军委授予陈冬"英雄航天员"荣誉称号并颁发三级航天功勋奖章。

算上2016年这次，景海鹏已经是第三次执行太空任务了，如今已是少将军衔的他是山西省运城市人，中共党员，硕士学位。1966年10月出生，1985年6月入伍，1987年9月入党，现为中国

人民解放军航天员大队特级航天员。1998年1月，正式成为我国首批航天员。经过多年的航天员训练，以优异成绩通过航天员专业技术综合考核。2005年6月，入选"神舟六号"载人飞行任务乘组梯队成员。2008年9月，执行"神舟七号"载人飞行任务，获得圆满成功。2012年3月，入选"神舟九号"任务飞行乘组，圆满完成"神舟九号"任务。

景海鹏的执着与自信

作为中国首批航天员，景海鹏足够幸运。"神舟七号"飞天，他与翟志刚、刘伯明漂亮地完成了首次太空出舱行走任务。"神舟九号"飞天，身为指令长的他和刘旺、刘洋珠联璧合，让世界目睹了中国首次载人交会对接的精彩。2016年，再一次被任命为"神舟十一号"航天员乘组指令长的他，和战友陈冬完成了在太空驻留一个月的挑战。

景海鹏兄妹3人，他是家中老大。父亲景靠喜说，大儿子性格内向，不太爱说话，但从小就喜欢打篮球，而且打得很不错。读高中时的一天，景海鹏代表所在的安邑中学去运城中学打篮球比赛，在运城中学宣传栏里，他第一次看到了飞行员的照片——

一位飞行员拿着氧气面罩神采奕奕地站在一架战斗机旁边。他清晰地记得，那位飞行员叫张海鹏。"一样的名字"与"美慕的心情"双重发酵，他燃起当飞行员的梦想。回到家中，他兴奋地向父亲比画，飞行员的头盔是这样的，护镜是那样的。

他告诉父亲："我要当飞行员。"

1984年，空军在运城招考飞行员，景海鹏报了名。但是由于身体原因，他落选了。

妹妹景艳芳回忆，当时可能是因为学习时间太长、劳累过度，大哥眼睛里有些血丝，所以没有验上。这次落选对景海鹏无疑是个巨大的打击，他当时连门都不肯出，说"没脸见人"。然而更大的打击来了——父亲打算让他退学。

回忆起往事，景靠喜老人的脸上写满无奈。他说："我当时也想让他继续上，可那会儿家里3个孩子都要上学，我白天种地，晚上绑扫帚，挣的那点儿钱全部拿来给他们交学费了，家里根本没法维持。"

景海鹏听说不能再上学后，3天都没有吃饭。看见他伤心的样子，父母很心疼，但也拿不出个主意。

这时，村里的电工到景家串门，见状就劝景靠喜让儿子再读一年，并让景海鹏在父母面前表态。景海鹏说："如果再考不上飞行员，我就不活了。"

于是，景海鹏转入解州中学补习，并从那里成功考上了河北保定航校。

即便从世界范围内来看，50岁出征太空的景海鹏也是名副其实的老将。那份举手投足中流露出的自信和从容，有绽放的荣光，更有坚守的执着。

尽管时光在他的身上并没有留下太多明显的痕迹，但读懂这份自信和从容，也便读懂了时间在这位飞天老将身上的积淀和升华。

解读景海鹏的方式有很多种，时间无疑是一把重要的钥匙。如果从1998年成为中国首批航天员那一刻算起，他坚守了整整10年，才迎来首次飞天。但此后，时间仿佛站在了他一边，一如航天员刘洋所说："不曾改变的严谨，不曾改变的认真，不曾改变的勤奋，甚至不曾改变的面容和体重……"

任何人都会被时间打败，景海鹏何以赢得时间？

"坚持，坚持，再坚持。"他赢得时间的奥秘如此简单，但又如此艰辛。尽管他说得轻描淡写，但足以令人动容："备战'神十一'，一年左右时间，几乎没有出过航天城，几乎没有双休日，每天晚上12点之前几乎没有睡过……"

航天员刘洋至今仍为偶然撞见的一幕深深震撼。那是"神舟九号"返回后不久，他们刚刚从紧张的任务中脱离，还未来得及休整喘息。一次她敲开景海鹏的门，赫然看到了满屋的学习资料。刘洋诧异地问："师兄，你摆满一屋子书干什么呢？"他笑了笑说："准备下次任务。""可'神十'任务我们按规定不能参加选拔呀？""那还有下次呢，还有'神十一''神十二'呢？"

超出常人的毅力和坚持让他赢得了时间，时间也回报他以精彩：飞天时间越来越长——从"神舟七号"3天、"神舟九号"13天到"神舟十一号"33天；飞天高度越来越高——"神

舟""天宫"组合体飞行的高度比以往抬高了50千米，他也因此成为迄今飞天高度最高的两名中国人之一。

陈冬的追求与心愿

作为我国第二批航天员中第三位飞向太空的人，来自河南省郑州市的陈冬和其他同伴一样，之前在部队中也是一名精英飞行员，有1 500小时的飞行经历。陈冬的飞天路是如何铺就的？

从小在工厂里长大的陈冬，在子弟学校里从来都是"孩子王"。1997年，他以优异成绩被长春飞行学院录取。在这里，他将逐渐适应另一个角色对他的塑造。

那是新训时，一次因为被子没叠好，班长直接把他的被子给扔了。一开始陈冬比较抵触，认为被子叠成豆腐块实在没有必要。直到教导员告诉他：叠被子实际上是一种军人意志和作风的锤炼和养成。

"当班长，让我懂得了什么是责任；在军校，我懂得了什么叫军人的责任。"随着时间的延伸，他肩上的责任越来越重：从飞行学员到飞行员，从飞行员到航天员……

多少年过去了，夜空中的那个亮点仍不

时在陈冬的梦中闪烁。上初中的一天，他和几个伙伴躺在地上看夜空的时候，发现有一个会动的亮点、就好奇地问哥哥："那是流星吗？"

"卫星！"哥哥告诉他。好奇的陈冬专门跑到图书馆，找来有关卫星和太空的书来看。这是陈冬与太空第一次有意识的对视，也是太空第一次闯进他的世界。

从此，这位出生在河南省洛阳市一个普通工人家庭、曾经想当一名老师的少年，开始把目光更多地投向蓝天。

转眼，军校毕业，当飞行员，当中队长、大队长……他的生活就像那个宣传片一样，他一度以为"此生只能和蓝天为伴了"。直到有一天，他的目光被航天员杨利伟首次飞天的身影牢牢吸引，他的眼睛被火箭的尾焰点亮，25岁的陈冬似乎再次触摸到了太空的气息。

当时陈冬飞的是强击机，主要在低空飞行。"我就想飞得高点、再高点，飞出大气层，去那里看看什么样。"这样的心情随着"神舟六号""神舟七号"的陆续飞天，变得越来越强烈。

当得知所有航天员都在飞行员中选拔，杨利伟和他一样飞的也是强击机的时候，他一下子听到了梦想的心跳："自己会不会能赶上也挑战一次？"

机会说来就来。2009年第二批航天员选拔开始了！真不巧，时任大队长的陈冬带着大队在西北执行演习，本来可以试一下的机会就这么无情地从指缝中溜走了。正在他懊恼之际，演习归来的他再次接到参加体检的命令。

陈冬顺利进入面试，让他意想不到的是，面试他的考官竟是他崇拜的英雄杨利伟。"一个多小时的谈话，我更加坚定了当航天员的梦想。"说起这一幕，陈冬至今津津乐道。

两次飞天的景海鹏同样是陈冬的偶像。他说："被自己的偶像带进这个队伍，然后和偶像一起出征太空，还能有什么比这更幸运、更幸福的吗？"

"他的入选是一个必然。"在航天员系统副总设计师黄伟芬的眼里，陈冬各方面都很优秀，各方面都很全面，没有明显短板。从初选到定选，他在同批航天员中成绩都是第一。他的融会贯通能力有时候让教员吃惊，他对完美的追求连景海鹏都赞叹不已。

全力以赴，厚积薄发。备战"神舟十一号"的日日夜夜里，他和景海鹏共计完成了3 000多个学时训练。

此次出征，挑战空前。他们不仅要当好"驾驶员"，还要当好"科学家""工程师"，甚至是"医生""生物学家""农

民",不仅要去做各种实验,还要种菜。"不到发射前一秒,就不会停止准备。"陈冬说。

此刻,少年时代仰望过的太空,正张开怀抱等待着陈冬。这个一心想飞得更高的航天员,即将抵达那片神秘之地。

太空失重33天

北京时间10月17日,执行与"天宫二号"交会对接任务的"神舟十一号"载人飞船,在酒泉卫星发射中心发射升空后准确进入预定轨道,顺利将2名航天员送上太空。此次飞行期间,航天员实行每周6天、每天8小时的工作制,以及天地同步作息制度;航天食品包括主食、副食、即食、饮品、调味品和功能食品六大类近百种,非常丰富;飞行中他们通过骑自行车、太空跑台跑步等方式进行在轨锻炼;通过视频、语音和邮件等方式进行亲情沟通。

除了科学任务,航天员还要在太空中承担摄影和摄像的职责,其中摄影的部分由朱九通来当老师。在"天宫二号"里拍照片,只需要分为舱内、舱外。舱外主要是透过舷窗来拍摄地球,朱九通指导两人根据光圈和快门速度来拍摄炫光表面。为了能更便捷地拍出工作照片,他和景海鹏、陈冬一起到地面的"天宫"模拟仓里实地拍摄,"天宫二号"的光源固定,景海鹏升空过两次,知道"天宫二号"的光线更明亮一些,根据这些条件,朱九通建议航天员手动调好快门和光圈拍摄舱内。"他们的确比一般人掌握得更快。"朱九通说。景海鹏去院子里拍太阳,又用鱼眼相机拍摄出一些角度夸张的舱内生活,几下子就掌握了朱九通传授的拍摄要领。

景海鹏和陈冬在太空中的体育项目也不少。当时在天地连线时，景海鹏和陈冬尝试打乒乓球，看同时能打几个球。最后，两个人同时能打5个球。陈冬还展示了一个人打乒乓球的"绝技"——把乒乓球打过去以后，自己再跑过去接。

除了对打乒乓球，两个人还比"翻跟头"。陈冬说，他当时原地一翻，可能翻了六七个，就碰到舱壁了，然后景海鹏就说"我来"，他那一下可能翻了快30个。

"天宫二号"中还首次装载了跑步机，专家说是为空间站更长时间的飞行做一次技术验证。因为太空没有重力，不能像在地球上一样跑。"要有一个输入系统，把人束缚在上面，通过这个系统加载动力，相当于在地面跑步一样。"专家说，"但是跑步的技巧、用力的方式不一样。"

一开始，景海鹏和陈冬无论如何也找不到在太空跑步的技巧，"走都困难，更别说跑"。

有一次，景海鹏仰了一下头，突然感觉自己能跑起来了，还一下子跑了一小时。景海鹏发现通过头部可以调整重心，"速度越大，头需要往后仰的角度越大"。

两个人搭档去太空，默契非常重要。

有一次穿航天服时，陈冬有地方卡住，手套戴得有点慢，但是景海鹏已经把手套戴完了。之后景海鹏对陈冬有点歉意，他说，以后两个人的步调保持一致，会用眼睛余光看一下对方，不要一个人没有做完动作，另外一个人早早做完，可能无形中会给对方压力。

景海鹏比陈冬大12岁，所以比陈冬早进入航天大队很多年。他说，从陈冬踏入航天大队的第一天起，他就在观察陈冬，非常欣赏他。"感觉在某些方面，他比我还细。细致和默契太重要了。"景海鹏形容二人的默契程度时说："我一个眼神他就知道我要干啥。他一看我，我就知道他想啥。"

执行任务前半年，景海鹏和陈冬就开始在一起进行训练。陈冬说，每天在一起十几个小时，经过长时间的密切接触，对彼此的脾气、习惯都非常了解。

景海鹏介绍，因为他吃饭比较慢，陈冬吃饭比较快，吃完饭陈冬一定会等他，然后一起回航天大队散步，把上午训练情况进行梳理总结，准备下午的训练。"每天除了晚上休息我俩不在一块，其他时间几乎都在一起。"

太空养蚕是香港中学生的创意，这个实验为了验证地面上的蚕在太空能否存活、在太空会不会吐丝、吐丝的方向会不会改变。

据悉，这6只"宇航蚕"是从4 000多只蚕里挑选出的。景海鹏每天为蚕宝宝们打扫蚕室，静待它们吐丝。当其中一只蚕宝宝开始吐丝之后，他按捺不住兴奋，牵着丝就把蚕宝宝从蚕室里引出来，得意地在实验舱的两个相机前都展示了一遍。景海鹏因此得名"首席遛蚕师"。

景海鹏说，蚕吐丝成茧以后，就用特殊装置把蚕茧保存起来了，拿回来让专家和香港的中学生研究。"如果它变成蛾，就没法研究了。"

除了"遛蚕"，景海鹏和陈冬还在"天宫二号"种起了生菜。至于为什么种生菜，陈冬说，这是因为生菜生长周期短，30天已经长得很高。景海鹏也笑谈，这次他们并没能吃上自己种的生菜，因为专家不让。"最后只保留9棵，要做科学研究。"

安全归来后，景海鹏讲述道："每一次飞天有太多人在托举着我们，我们的背后是祖国，是家人，是战友，是各级组织，是无数航天人，是所有中国人。航天员科研训练中心的很多专家，以他们为代表的所有专家、所有科学家、所有科研人员，都是无名英雄，因为成功以后，鲜花、赞誉都捧在我们手上，他们有时候就累倒在训练现场，家里老人生病、孩子没人照顾……应该把英雄的军功章给他们！向所有航天人致敬。他们是给我们增添钢铁翅膀的人，他们就是我们的翅膀！"

2016年12月26日，中共中央、国务院、中央军委决定，给景海鹏颁发"一级航天功勋奖章"，授予陈冬"英雄航天员"荣誉称号，并颁发"三级航天功勋奖章"。

后 记

为了纪念中国人民解放军建军九十周年，喜迎党的十九大胜利召开，在四川省国防教育委员会、四川省委宣传部、四川省军区原政治部的关心指导下，经过国防时报社采编人员几个月的艰苦努力，《八一军旗别样红》一书终于与读者见面了。我们为完成这样一件有意义的工作而高兴，为能为国防教育尽微薄之力而自豪。

《八一军旗别样红》的隆重出版，是建军九十周年政治生活中的大喜事。军内外享有盛誉的书法家、老红军、开国将军、原南京军区司令员向守志上将欣然为本书题写书名并题词，还应邀担任该书编委会总顾问。这不仅是对我们编辑工作的肯定与鼓励，也是对广大老兵的关心和爱护，更是对广大青少年的关爱和期许，真是喜上添喜，令人振奋，为本书增光添彩。

在《八一军旗别样红》即将付梓之际，向守志老首长还不顾百岁高龄，欣然为本书作序。他撰写的序言，高屋建瓴、文字凝练，真实而精彩地反映了我军的发展历程，热情地讴歌了英模人物的丰功伟绩，精辟地阐述了在新的历史时期坚持改革强军的重大意义。在此，我们对首长给予的支持深表谢意！

这是一部记述各个革命历史时期参加革命的英模人物及英雄群体的纪实性文集。通过对他们在战争岁月、和平年代的闪光足迹的寻觅和描述，我们不仅看到他们为人民军队的建设乃至中国革命和社会主义建设做出的丰功伟绩，而且折射出人民军队从无到有、从小到大、

从胜利走向胜利的光辉历史。因此可以说，这是一部英模人物精彩人生的壮丽画卷，这是一部壮我军威、铸我军魂的传世佳作！

本书共分六章，有红军长征故事，有抗战英烈故事，有解放战争、抗美援朝战争的英雄人物事迹，还有和平建设时期的英模人物和科技精英的事迹。真可谓：革命足迹闪闪发光映日月，光彩人生熠熠生辉照九州。

本书中的文章均由我报社采编人员撰写。他们寻觅书山网海，搜集资料，编撰文稿。但对英模人物的报道多多，时间跨度大，很难确定谁是原创作者。故在此，对原创作者表示真诚的谢意。若仍有著作权方面的事宜，我们愿意坦诚协商，妥善处理。

此外，在编辑工作中，我们得到原成都军区副参谋长张长顺少将、四川大学教授刘洪耀的具体指导；四川省广元军分区原副政委林发茂应邀参加了本书的终审工作，提出了许多中肯而宝贵的修改意见；本书责任编辑王玮工作认真，作风严谨，对书稿字斟句酌，反复修改，为提高图书质量竭尽全力。在此向他们表示诚挚的谢意！

由于时间仓促，本书难免有错漏或不妥之处，在此恳请入编者、作者和广大读者批评指正。

编　者

2017年5月于成都